天下文化
BELIEVE IN READING

BEP049

薩提爾的親子對話

每個孩子，
都是
我們的孩子

核對彼此觀點、聚焦問題核心，和孩子好好說話。

李儀婷・著

獻給我摯愛的父親

目次
contents

第二部　解構對話路徑

二、冰山資源

推薦序

跨越慣性應對，邁向新的應對姿態

李崇建　作家、教育家

儀婷有三個孩子，三個孩子各有特點，都是可愛的寶貝。

我與孩子們出遊，常見他們哭鬧，也看見和諧。有時候打電話給儀婷，話筒常傳來爭執聲音。三個孩子朝夕相處，難得相親相愛，時常吵吵鬧鬧，這就是孩子的特性，只要不執著於和諧，孩子們的吵鬧也很美。

我以欣賞眼光看待，因為我不是當事人，即使跟孩子們相聚一堂，我都只是「過客」罷了，不必跟寶貝們朝夕相處。儀婷則不一樣，她每天照顧孩子。

帶過孩子的人都知道，三個幼齡孩子在一起，東邊一下子哀號聲，西邊一下子抱怨聲，一會兒又冒出求助聲音……身處其中的父母，多半被弄得心浮氣躁，儀婷卻能安然從容。這並非她天生的特質，而是靠後天學習而來。

早年儀婷的大女兒三三出生時，她的教育觀念較傳統，待見三三出現狀況，立刻調整觀念，參與薩提爾工作坊，閱讀書籍與實踐，甚至打電話來詢問。她與我雖為兄妹，但是早年我對她甚嚴厲，成年之後我們關係靠近，乃借助學習薩提爾模式，彼此都有很多成長。但消除心中傷痕並非易事，她能打電話詢問對話、教養，我以為著實不容易，亦可見她一路走來有多堅韌。

儀婷雖然勇於學習，但過程並非順遂。她透過不斷學習與調整，一路走至今天的嫻熟、安然與穩定，並且以薩提爾模式為基礎，發展出更為生活化的運用，我感到十分讚嘆。

她將繁複的冰山框架，以簡單的語言整理，將「核對」貫串起來，實在非常美妙。為何核對就能帶來釐清，帶來成長與力量？這就是薩提爾模式的精要。因為人從來都是向上發展，都是趨向真、善、美，趨向愛、價值、意義、自由，趨向人的存有與生命力，亦即冰山渴望層次以下，指向人存有的層次，從沒有人想趨向墮落。若是生命趨向墮落，趨向負向的所在，那一定是某地方卡住了。因此只要藉由好奇，層層澄清、核對生命發展的意圖，就能幫助對方朝正向發展，尤其是面對孩子更易引導。但這牽涉到父母本身是否能接納、體現愛、允許更多自由進入，還有對話方向是否正確，指向的是冰山渴望層次，而不是滿足父母期待而已。

在本書中的諸多案例，儀婷以故事敘述，再以框架反覆解說案例，有助於學習者清晰，亦有助於學習者反覆練習。也期望學習者清晰語言之餘，必須理解脈絡指向冰山底層，指向人生命存有之地，也需要整理自己的冰山，才能跨越慣性的應對，邁向新的應對姿態。

儀婷邀請我寫序，我因珍惜自己時光，已經甚少為書作序。但儀婷是我妹妹，我很願意為她作一序，以表達兄妹彼此的看重。但我雖願意為書作序，實則想快速略讀，就能迅速下筆為文。未料這本書相當好看，也引發我的興趣，了解儀婷這幾年所學為何？我愈看愈有興趣，乃覺儀婷與孩子對話的能力強大，早已超出我的視野，我覺得欣喜亦感動。

儀婷年紀小我八歲，學習薩提爾模式也晚，我猶記得她剛學習時的困窘，對話生硬且不到位，如今已經從我視線跨越了，超出我所看見的風景。

我看儀婷的書，腦海浮出一個畫面，那是儀婷學齡前的一幕，她曾隨母親北上居住，好一陣子沒有回家。有一天我聽見門鈴聲音，開門見一大女孩，張開雙臂向我擁抱，口裡說著：「哥哥！我回來了！」

我乍見一大女孩出現，竟作勢擁抱，本能往後退了幾步，心想這女孩是誰？隨即想妹妹怎麼瞬間長大了？變得美麗動人，且個性天真開朗，那麼令人喜歡的女孩。但當時家庭氣氛不佳，我個性陰鬱彆扭，從未跟儀婷說起這印象。且儀婷在家庭與我的陰鬱中，被我嚴厲以對的畫面歷歷在目，將她純真的性情與美，在成長過程中扭曲了，她也曾經陰鬱了好長一段時間。

如今看她成長，書裡呈現動人的對話歷程，將孩子帶領得這麼美好，我心中充滿感激之情，也充滿欣賞與讚嘆。相信閱讀此書的讀者，必定能有所收穫，也能引導家庭走向美好之途。

推薦序

利用孩子的過去，解決孩子的未來

許榮哲　華語首席故事教練

表面上，我是儀婷的丈夫。

實際上，我是儀婷的學生。

但骨子裡，我是儀婷的第四個孩子。

儀婷有三個孩子，三三、川川、一一，我本來是來應徵儀婷的老公，但最後卻活成了她的大兒子。

三個孩子，有七種組合。

至於四個孩子，就會瞬間飆高成十五種組合。

因為每天都要排解各式各樣的問題，於是久病成良醫，儀婷成了實戰經驗超強的四寶媽。

空口說白話，不如我們直接來上課吧！

前面說過了，實際上，儀婷是我的老師，每天為我上一堂「對話課」。今天這一堂課是「每個負向行為背後，都有正向資源」。

先說一個故事。

一對夫妻在公園裡散步，後頭傳來兩個高中生的對話。

「×，怎麼找不到垃圾桶？」

「我×，對啊，這麼大的公園居然找不到一個垃圾桶。」

「×××勒，老子跟它拚了，我就不信找不到垃圾桶。」

……

當高中生走遠，妻子問丈夫剛才聽到了什麼？

「這些年輕人實在太沒水準了，滿嘴的髒話，簡直就是……垃圾！」

「垃圾？我很驚訝，你聽到的居然是這個！」

「難道你聽到的不是髒話？那你到底聽到了什麼？他們還說了什麼嗎？」

完全相反的，妻子告訴丈夫，她聽到的不是髒話，而是——這兩個高中生隨手就可以把垃圾丟了，但他們一直不放棄，到處尋找垃圾桶，這是個不容易的美德。

垃圾與美德，一負一正，兩種完全不同的價值，活在同一個人身上。

儀婷是我的老師，每天為我上一堂「對話課」。

上完課之後，她會立刻為我示範一個「即刻練習」。

舉個例子，就在我要寫這一篇推薦序的當下，就有個例子發生了。

回家的路上，老二川川在後座，叨叨唸著明天學校要打針，她很害怕。

此時，儀婷正在開車，而我坐在副駕駛座。

儀表板上的時速，顯示每小時六十公里。

我見識過川川以前在醫院裡，好說歹說，足足花了一個多小時，一把眼淚一把鼻涕，死都不肯打針的畫面。

所以我本能認為這是個棘手的難題。

但我錯了！

儀婷一邊開車，一邊自然的問：「川川，你以前打過針嗎？」

「打過啊！」

「那你會怕嗎？」

「會啊。」

「那你是怎麼克服的？」

「就……忍耐啊。」

「哇，我好欣賞這麼努力的你啊！」

川川聽了，原來因為擔憂而拔高的聲音，開始放軟、放軟、放軟。

最後，後座的川川把頭靠在媽媽的肩，甜甜的說：「媽媽，我不怕打針了。」

儀婷依舊平穩的開著車，只是伸出一隻手，輕輕摸摸川川的頭。

從頭到尾，不到三分鐘，川川的問題解決了。

我看著儀表板，時速依舊保持在六十公里。

即刻練習之後，儀婷會告訴我，她是怎麼辦到的。

儀婷說，不要聚焦在負向行為，而是要利用簡單的提問，幫助孩子找到自己的正向資源。

「孩子不是一出生就變成現在這個樣子的。」

「意思是……」

「意思是——孩子已經走了好一段路了，早就發生過類似（打針）的事了，只是沒有人去肯定、欣賞她。」

「哇，秒懂。」

「當孩子親口說出自己的『正向資源』時，『一致性』就啟動了，沒有人能說服孩子，只有他自己可以。」

用孩子身上的資源來解決他自己的問題，這是最有效的方法。

利用孩子的過去，解決孩子的未來。

在這本書裡，儀婷將帶你回到親子的衝突現場，教你三言兩語，就產生力量，學會讓孩子自己解決自己的問題。

喔，不只，儀婷還進一步將所有的問題，都濃縮成三個字「聽核心」，利用這個方法，你將學會如何解決所有的問題。

推薦序

給新手父母的未來書

歐陽立中　Super 教師、暢銷作家

記得有次，我在班上做了個活動，叫做「給父母的學測考題」。就是要父母寫一份考卷，考題是對自己孩子的認識，像是孩子喜歡什麼？未來夢想是什麼？為了核對答案，我先請孩子們填寫。

結果，小琳得知是要給父母填答案，臉馬上垮下來，說：「那我不要寫！」我知道背後必有原因，於是找她來聊聊。小琳告訴我：「每次我跟父母分享學校開心的事，得到的回覆都是：『啥？你怎麼只知道玩？成績呢？』」

後來，她回到家就關上房門，不再說話了。

家長日那天，小琳媽媽出席了，我私下找她聊，告訴她小琳有多好，希望她能多給小琳肯定。小琳媽媽說：「這些我都知道，可是她就不愛讀書啊！」我很好奇她為什麼那麼在意小琳的成績。小琳媽媽告訴我，因為她希望女兒好好讀書，未來能找好工作、嫁好人家，不要像她一樣辛苦的經營小吃店。

注意到了嗎？小琳媽媽是愛小琳的，但為何小琳卻遠遠逃開？其實，得知要為人父母時，我們的「迷茫」是大過「喜悅」的。

我們花了這麼多年，猛讀世俗認定的學科，卻沒有人教我們如何當個好父母。於是我們貫行那一套「以愛為名」的綁架與責備。

所以讀完儀婷的新書，我內心激動不已：「這是一本救贖親子關係的好書啊！」如果可以，我希望這本書能連同媽媽手冊，送到所有新手父母手上。媽媽手冊，安頓的是外在，而這本書，安頓的是內在。

儀婷是教養專家，她用薩提爾模式開啟與孩子的對話之門。《薩提爾的親子對話》最讓我驚豔的，是儀婷把那些看似無跡可尋的對話，拆解成一步步明確的步驟。像是善用停頓、尋找破口、取得主導權、核對問題、欣賞孩子。

我和老婆剛有了女兒，這本書讀著讀著，我開始想像未來和女兒相處的畫面：有甜蜜、亦有衝突，但我知道的是，每次衝突，都將是我們更加了解彼此的契機。

回到小琳的故事。那時，我告訴小琳媽媽要鼓勵女兒，但卻不知道下一步該怎麼做。這一次，我領悟了「聽核心」的對話精神，若時光能重來，我會坦然自信的告訴小琳媽媽：「面對孩子，你可以傾聽、核對、欣賞……」化解橫阻在他們母女之間的那座冰山。

但我知道時光不能重來，所以，我會把《薩提爾的親子對話》，交到小琳媽媽手上。往後，也會把這本書的精神，傳遞到更多迷茫的父母心中。

齊聲讚譽

「溝通」，一直是親子關係裡最大的挑戰，良好的溝通實在不簡單。我們在交談中，總是太習慣用行動模式解決問題，而忽略了體察彼此在語言背後的情緒，以致於溝通非但沒有互通，反而帶來更大的鴻溝。好在有儀婷老師的著作。我喜歡儀婷老師分享她在關係中的每一段對話與覺察，不僅有深度，還有一種暖暖的溫度，平實而雄厚。這鐵定是一本不容錯過的佳作，我由衷向您推薦。

——**陳品皓**　臨床心理師、米露谷心理治療所執行長

父母在教養子女時，常落入一個陷阱，便是想解決孩子的問題。不料，解決了一個，還有另一個，沒完沒了，於是抱怨：「究竟什麼時候才能不用操心孩子？」

我慢慢體悟到，薩提爾對話的精神之一，就是不試圖解決，而是允許問題存在。

當不試圖解決或對抗問題時，你才不會總是期待孩子非得要改變。而在允許的過程中，有機會去探索、好奇、疑惑、反思，同時深刻覺察及接觸內在，更重要的是，完全打開與接納自己。

這在親子互動的過程中格外關鍵。因為，很多時候，孩子需要的不是大人如何幫忙解決問題，而是感覺到自己被理解、有人承接住他了，孩子也會漸漸長出承接自己的能力。

我佩服儀婷老師在接觸薩提爾模式後，身體力行於自己的家庭生活與教養過程中。經過細細爬梳，將心路歷程化為文字，呈現在眾人面前。書中有儀婷老師與孩子互動的實況，透過案例，拆解薩提爾對話的過程、技巧與精神，還有很多儀婷老師的心得與獨到見解，相當引人入勝。

然而，就算細細讀完，還是會感到知易行難，這是正常的。因為，你帶著一份想立刻用來解決孩子問題的期待，而這個期待本身，會讓你又落入想要對抗問題的陷阱中。如果是這樣，好吧，那就允許自己暫時做不到，接納這樣的自己，就像儀婷老師說的：「接納失敗，比懊惱更重要」，接著，「讓問題跑一會兒」吧！

——陳志恆　諮商心理師

這幾年薩提爾對話火紅，被證實是能透徹理解孩子表象偏差行為及其背後深層導因的好方法。但是，薩提爾的冰山各層次理論、停頓或核對等基本技巧並不好理解，且從理解到真正落實於展開對話，又需不斷累積經驗，方能掌握其中的眉眉角角，甚至需要專業老師的提點，否則常會自陷誤區。

我非常推薦儀婷這本書，因為這是一本結構完整、非常細膩拆解對話步驟與重要技巧的實用手冊，同時，儀婷的敘述深入淺出，充滿了同理的溫度、順暢易懂，對於想要入門的家長、師長，無疑是最佳自學教材。

——彭菊仙　親子作家

我們不喜歡溝通，尤其是跟孩子。溝通是一道複雜的心理運作歷程，必須設定目標↓確認情緒與想法↓預判後果↓丟出語言↓卡關↓重新設定。

一旦發生衝突，這些箭頭便足以把你射成刺蝟。因此我們喜歡下指令，因為只需要一個箭頭。

但這個箭頭抹煞了很多東西，畢竟在我們面前的，不是軟體，而是人心。

幸運的是，本書作者李儀婷給出了三樣工具，讓箭頭成為指引，帶你走進孩子的心，分別是：傾聽、核對、用心。

側耳傾聽，完整蒐集訊息；
核對確認，澄清孩子的真實需求；
用心看待，孩子的正向價值。
每樣工具皆以生活實例開箱，刪掉艱澀的學術名詞，留下實用句型。目的很簡單，提醒你工具就在手邊，別忘記帶進日常對話裡。

——劉仲彬　臨床心理師、作家、「臨床心理師的腦中小劇場」粉專主編

自序

我的名字叫，母親

李儀婷

在我有限的生命中，所擔任過的職位裡，最難勝任、最沒成就感、最容易過勞、最容易被指責的，就是「母親」這個職位。

我擁有三個珍珠般珍貴且獨特的孩子，分別是：大女兒三三、二女兒川川，與小兒子一一。

但是，在大女兒三三兩歲以前，我採取的是打罵式教育，即便我已經催眠自己，非到萬不得已，不要動手。但是養過孩子的人就知道，家庭裡到處充滿了「萬不得已」，所以演變到最後，不乖就打，無法溝通也打，吵鬧不聽勸更打，家庭中充滿了打罵的氛圍。

打罵教出來的孩子，總是情緒化；嚴格教養教出來的孩子，也只有壓抑與疏離。

三三兩歲時，我嘗到她情緒的反撲，在我高壓打罵的餵養下，她成了一頭情緒怪獸，朝我狂怒嘶吼，我看見情緒崩潰的孩子眼裡，有著深深的無助與孤單。

那一刻，我深深被她的反應給震懾了。

直到現在，我仍然非常感謝三三當初願意冒著生命危險，朝我送出求救訊息，讓我有機會在養育孩子的路上，不只踩了煞車，還逆向行駛，走上了實踐薩提爾模式的教養之路。

學習薩提爾模式最初是為了教養孩子，但最後改變最多的是自己，因為在那之前，我還是個對「愛」生疏的媽媽。

我以薩提爾模式教養孩子，長達七年的實踐，從中提煉出薩提爾模式的精神，以實例告訴大家如何在家庭中運轉。也告訴大家該如何面對在實際運用薩提爾模式後可能遇到的困境。

其中心目標，即是「溝通＝陪伴孩子走一段成長的路」，只要在這個目標上所進行的親子溝通，大抵都是正向且準確的。

母親，向來背負著孩子所有「好」與「壞」的責任，我自然也不例外，因此養育的過程，考驗一個母親的耐力與毅力。孩子吵鬧，是母親沒教好；孩子生病，是母親沒照顧好；孩子功課不好，是母親沒用心；孩子出了問題，一切都是母親的責任。母親顯得那樣的萬能又那樣的渺小。

只要孩子出現奇怪的行為舉止，全世界的人，不管有沒有養育孩子的經驗，都可以對母親說一嘴教育，指責母親：都是你太寵孩子，才會把孩子寵出這樣的個性。

如何在眾多外在「婆媽」高手夾擊下，成為孩子稱職的母親？

曾經，有一個朋友前來訴苦，她說：「我壓力真的好大！孩子生氣了、哭了，我也會心情不好。但是我選擇等孩子哭完，再跟他溝通，但是所有人都指責我，說我這樣太寵孩子。我真的覺得好無助，沒有人支持我，我也開始懷疑自己到底是在教孩子，還是在寵孩子。」

聽到這些求救訊息，我想起自己一件微不足道的洗衣小事。

我們家有個洗衣籃，因為工作型態的關係，我無法每天都把衣服給洗了，總是等到洗衣籃裡的衣服滿了，而且滿得像座山，大女兒三三便會大聲提醒我：「媽媽，衣服滿了，該洗了哦！」

聽到三三提醒的隔天，或再隔天，等我稍有空閒時，我才能正視衣服山的問題，將整籃倒入洗衣機一次解決。

前幾天，衣服山又出現了，三三提醒我，我應聲好，並沒有馬上處理。隔天，三三去保母家玩，順便在保母家洗了澡，吃了飯才回來。回家後，三三說：「媽，婆婆說我的襪子底下很髒，說你都沒幫我把襪子洗乾淨，她說你應該要把襪子拿出來單獨刷一刷，這樣才會乾淨。」我點頭說：「我知道了，下次我會注意。」三三又說：「媽，婆婆說你很懶，說你都沒有整理家裡。」我笑了笑，大聲回答：「噢！對耶，我太忙都沒空整理家裡，真抱歉。」

面對保母透過孩子傳遞過來的話，我並沒有放在心上，因為那是事實。我實在太忙亂，忙得必須去抉擇什麼事得先做，什麼事必須緩一緩。這是我的選擇，所以面對旁人的指導，我承擔得起，因為我不必對全世界負責，我只要對得起我自己的渴望，那就夠了。

當三三走進房間，看見洗衣籃裡的衣服山消失了，她大聲驚呼：「媽，你把衣服都洗了耶！」

我說：「是啊，今天剛好有空，就趕緊把衣服洗了。看你笑得這麼開心，這有什麼值得開心嗎？媽媽每次都會洗呀！只是有時候洗得快，有時候洗得慢，但什麼日子該穿什麼制服，從來都沒少過，這有什麼值得笑的嗎？」

三三回應：「媽，婆婆說你沒把襪子洗乾淨，沒把家裡整理好，是個不好的媽媽。但是我覺得，你是全世界最棒的媽媽，你這麼忙，還記得幫我們把衣服山給洗了，洗完後還要把衣服摺回去衣櫥裡。你做了這麼多，婆婆還說你什麼都沒做。媽，你是我見過最棒的媽媽了。」

親子溝通的目標，不只是陪孩子走一段成長的路，其實，也是陪自己走一段過去來不及從父母那裡得到的愛與完熟之路。

如果此刻看這本書，也是個擁有「母親」身分的你，親愛的「母親」，我必須告訴你，在這個世界上，你不必去符合別人強加在你身上的期待，也不必在乎別人是怎麼看你的。

這個世界從來就不缺乏批評與攻擊，所以你得扛得起攻擊，撐出屬於自己的一片天，供給你自己與孩子一個安全的小島。在這片天地裡，最重要的不是別人的目光和別人的想法，最重要的永遠只有你和孩子，只要你和孩子快樂，親子的關係無礙，那麼，外面的世界說了什麼，又有什麼大不了的呢？

母親，這份工作，是我做過最剛強，也最柔軟的工作，得抵抗全世界，又得溫柔呵護稚嫩的孩子成長，不為什麼，只因我們的名字叫「母親」。

第一部

對話前
觀念的釐清

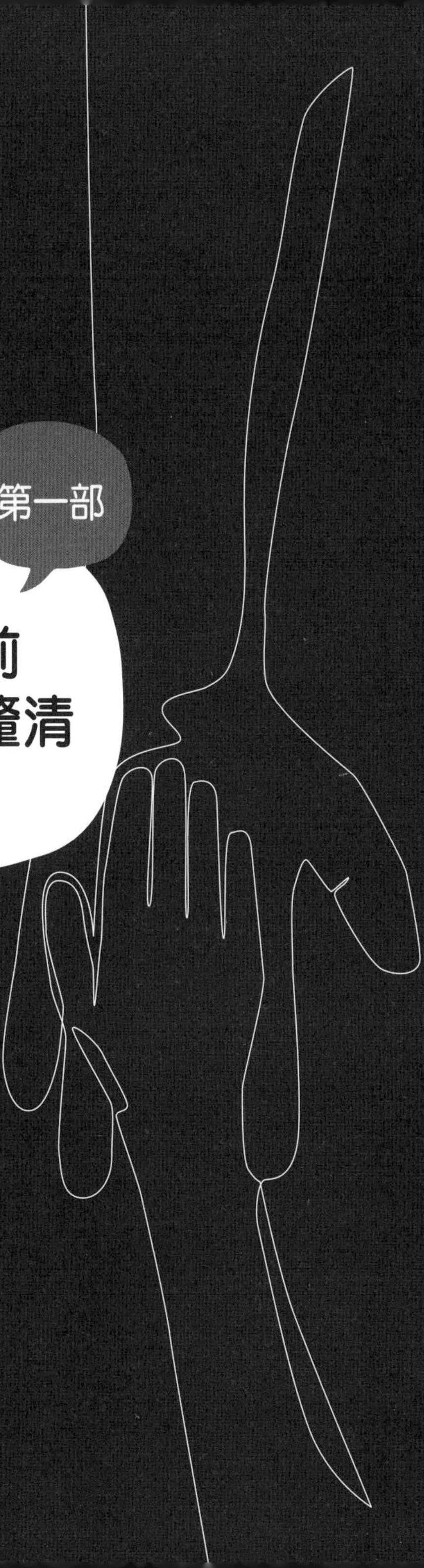

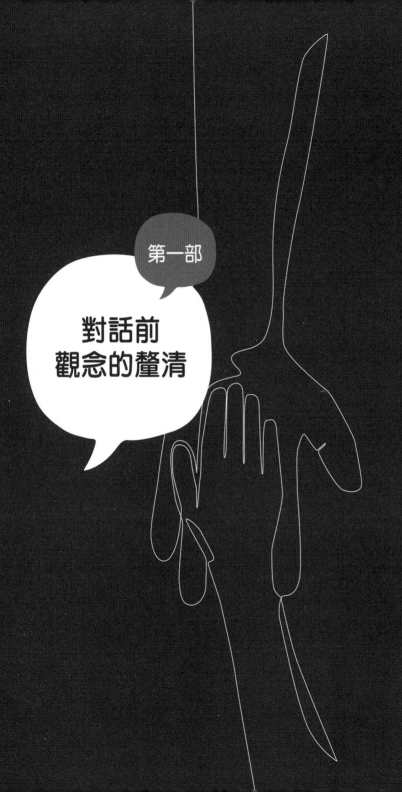

1 打破慣性 無法對話的，是孩子還是父母？

一開口就被孩子情緒打斷，根本無法溝通。
是不是你想傳達給孩子的關心，和真正說出口的愛有落差？

一位母親來到我面前，向我訴苦，說她的孩子根本沒辦法進行溝通和對話。媽媽再三強調，所有書上和課堂上提供的「對話的方法」她都試過了，但是對她的孩子而言，根本沒用，只要她一開口，孩子就發脾氣，而且完全拒絕跟她對話。

我很好奇她想對孩子說什麼？孩子為什麼這樣敏感，不願意聽？

媽媽說，因為孩子考試考差了，未來可能選不到理想的學校，現下只剩一次考試的機會了，所以她想表達她的關心，鼓勵孩子再努力一點，為下一次考試做準備。但孩子一聽到媽媽開口關心她的功課，整個人就像戰鬥的公雞，憤怒無比，根本沒辦法對話，更別提想要說點鼓勵的話。

我核對媽媽話語裡想傳達什麼給孩子？是功課？還是對孩子的愛和關心？媽媽很明快的告訴我，她只是想表達關心和愛。至於課業，只要孩子盡力了，也就足夠了。既然目標清楚，我請媽媽將我當孩子，示範一次和孩子之間的對話是如何進行的。

對話的主旋律

母親說：「孩子呀，你這次考試考差了，我覺得這次可能抵達不了你想要的學校，我想呀，這次成績不要填志願了，我們把目標設定在下次考試，只要你這段期間好好準備，我相信……」

我打斷媽媽的話：「等等，你剛剛不是才說你想表達的是關心和愛，怎麼言談裡淨是考試和功課？」

媽媽說：「有嗎？我還沒關心到她的心情，就被女兒打斷，她根本只要聽到我開口提到考試，就會不停打斷我的話，然後強調自己考得很好。我如果再提到其他同學的成績，證明這樣的成績真的不算好，她馬上就發怒，責怪我為什麼老是拿她跟別人比。我根本無法關心她呀。」

媽媽不停抱怨著：「孩子就是這樣脾氣很暴躁，根本無法溝通！」

我微笑，請媽媽與我的角色對調，我扮演母親，她扮演孩子，將她剛剛的話，原原本本的向她說了一遍。

說完之後，媽媽臉色凝重，低頭不語。

我問媽媽：「你感覺如何？」

媽媽喃喃的說：「怎麼會這樣，我不但感覺不到話語裡一絲一毫的關心，還覺得媽媽糟糕透了，只在乎考試成績，還要我把重點放在下一次考試，做更努力的準備，怎麼會這樣！」

媽媽對於這樣的結果震撼不已。她想要表達的，和真正說出口的話，怎麼會落差這麼大？

眼前的母親，是個好媽媽，她想成為孩子的依靠，只是經年累月的說話慣性，或者說，過往的學習對象（父母），沒有示範好的表達方式供她學習，因此她說話的底蘊，就會如過往父母對她說話的習慣，以具有壓迫的方式對話，而她自己卻完全不自覺，媽媽已喪失準確表達訊息的能力。

產生向上力量的對話

我想起自己過去的生命經驗。

過去，父母希望我們努力讀書時，說出來的話語，夾雜著不信任。他們總覺得我們不夠努力，總覺得還可以再努力一點，或者嘮叨一陣之後不忘補充：我說這麼多都是為了你好，我是關心你，不然我才懶得說你。

但對孩子而言，孩子聽見的是煩躁和嘮叨，而不是支持。

對話的方式稍有差池，聆聽者的感受就會大大的不一樣。

無法和孩子好好對話，是誰的問題？答案是如此明白，孩子的應對，是學習或模仿大人的習慣而來。

這便是為何要學對話的原因了。

如何才能傳遞出真正的關心，而不再將焦點放錯位置？

我簡單示範了幾句，給了媽媽方向。

媽媽聽完震懾了，對我說的話有了感覺，眼淚從臉頰上嘩嘩而落。她抓住我的手，臉上有著感動的刻痕。

媽媽說：「聽到你像媽媽一樣對我說，有看到我的努力，而且很欣賞我即使疲累也都沒有放棄，又說不管我考試成績好不好，都一樣愛我，讓我感覺好溫暖、好感動，有被愛的感覺。我明白了。」

對話，能產生向上的力量，透過這股力量，可以引導孩子去做更努力的表現。只要父母看中的是孩子的努力，孩子才會感覺自己被重視，往後孩子在做任何一件事情時，便會記住這個印記：「努力會獲得好的回應，努力是會被看見的」，孩子就會更想去努力了。

這是一個永恆的正向循環。

2 允許 接納失敗，比懊惱更重要

允許自己是個可以失敗的人，
因為，父母都在自己的能力範圍下，盡力了。

我是一個很少後悔的人。

我喜歡往前走，大步大步的邁進，在每一個當下，都全力以赴，縱有失敗，也感謝失敗帶給我全新的力量，以及改變的契機。因此在我的生命裡，我幾乎不曾將「後悔」兩字掛在嘴邊。

但如果真要提出一件我最後悔的事，我會毫不猶豫的說，「我後悔當初在養育孩子時，使用了『百歲醫生』的育兒方法。」

不是百歲醫生的方法不好，而是我忽略了孩子在嬰幼兒時期，是完全仰賴母親的親密接觸，需要藉由母親給予穩定的依偎，才能發展安全的依附。當時我眷戀工作，把大女兒三三一個人放在偌大的房間裡，學習一個人入睡。

現在想來，對當時才剛出生的三三而言，確實殘忍。

當時我爭取到非常多寶貴時光，努力熬夜寫作，創作出一本又一本的書。

然而當孩子長大，看到孩子因為過去的教養環境而變得敏感纖細，雖然獨立，卻不安定，雖然渴望愛，卻對任何人都不信任。我對孩子感到無比虧欠，也甚是後悔選擇了這樣的育兒方式。

讓傷轉為前進的動力

嬰幼兒對母親的依附關係，經實驗研究證實，確實會影響孩子的人際關係，以及學習狀態。

然而，對三三最大的傷害，其實不是來自百歲醫生的育兒方式，而是自己當時對待孩子的態度，指令多於傾聽、怒罵多於等待、不滿的情緒多於欣賞，那是傳統教養的高壓方式。

父母，是扛著孩子、扛著家，往前行的重要負重者。當時的我，也是如此。因此在工作與養育孩子的兩難中，找到可以執行的平衡，儘管方法並不完美，但卻已是我所能給予的最好方式。

薩提爾女士說：「每個父母，都是盡自己最大的努力，為孩子做到最好的父母。」父母也許有做不好的地方，但父母都在自己的能力範圍下，盡力了。這句話，拯救了我，也讓我有了改變的勇氣，從愧疚困境裡走出來。

三三兩歲時，全身充滿了暴烈的情緒，面對衝突時她怒吼反擊，在在讓我看見因自己的對待而種下的傷（詳見《孩子永遠是對的》）。

面對三三兩歲以前的教養，我承認自己的失敗，但也允許自己是個可以失敗的母親。我欣賞自己沒有被失敗擊倒，並且決定重新學習新的親子應對方式，重整未來的親子關係。

孩子的傷，父母都看在眼裡，然而看在眼裡，不代表父母願意承認，一旦無法承認自己過去的錯誤，改變也會相對慢一些。

我很慶幸三三的傷，為我帶來覺察，也因著三三的傷，讓我有更深刻的學習。

雖然，我後悔過去使用了不適合的育兒方法以及傳統的「打罵教育」，但是我也感謝三三的這些傷，為我帶來巨大的改變動力，使我下定決心堅持走一趟薩提爾模式的教養之路。

三三的傷，從兩歲直到今日九歲，每天每月我都在修補過去的傷口。看著三三也因我的改變而轉變，從憂鬱到開朗，從害怕到勇敢，從敏感到相對大而化之，每分每秒都在改變。我深深的感謝所有變化，更感謝她的出生與存在，讓我不再追求「完美」，而是走向「完整」的全人。

3 對話目標 為何我們總是傷痕累累？

只要有言語往來，勢必就會有誤會存在。
如何運用「核對」，讓問題準確對焦，是溝通能否順暢的關鍵。

對話，如果是一趟漫長的西方取經過程，那麼讓我們努力去追尋的目標，究竟是什麼？是家庭和諧，親子和睦？還是關係破裂，憤怒相向？

我想答案肯定是「親子和睦，家庭和諧」。

那麼什麼樣的「對話」，才會讓家庭走向和諧？什麼樣的話語，才會讓我們走在「對」的目標上？

在日常生活中，無論走到哪裡，都可以聽見類似的親子對話：

「再不乖乖吃飯，以後就不帶你出來。」

「快點把飯吃完再玩，不然我們就立刻回家！」
「你還慢吞吞，快一點！十、九、八……」
「你再哭試試看！等一下什麼都沒有。」

這些話語，是父母覺得最快速解決孩子問題的方法。畢竟在處理孩子哭鬧時，父母的內在已然湧起許多情緒無法平靜，然而這些不平靜轉換而成的語言，句句是「威脅」。別說孩子聽了威脅後將是多麼不平靜，即便是大人，面對這些威脅，也肯定會如原子彈爆炸般憤怒吧。

許多父母總說：「孩子總是一而再，再而三的測試父母的底線。」

之所以會這麼說，是因為孩子總是在父母再三告誡後，仍然不知收斂，反而上演各式各樣奇怪的挑釁行為，引爆父母內在的地雷。

其實，這不是孩子願意的。

被壓迫的氣球

孩子的內在宛若一顆氣球，大人的「威脅」是一根施壓的棍棒。當我們拿著棍棒朝氣球施壓，氣球接觸棍棒的表面，肯定會呈現凹陷；然而球內氣體不變定律，氣體肯定會從表面張力比較薄弱的地方竄出，形成各種奇怪的形狀，這便是孩子造反、爆衝行為的由來。

即便是壓力鍋，也需要洩壓的時刻，更何況是人。

孩子面對父母的威脅和指責，內在的感受勢必覺得委屈，甚至憤怒。父母若從未幫孩子建立良好的宣洩管道，那麼孩子只得從各種奇怪的行為洩壓，如摔東西、尖叫，或舉凡父母規定不能做的，他們都會去做，藉此達到對父母抗議的目的，或緩解內在的苦悶。

這也是父母總覺得孩子一直在測試他們底線的原因。事實上，孩子有很大一部分是在抒發自己的情緒，藉此達到內外壓力的平衡，否則他們會在某個無法承受的點，出現爆炸現象。

爆破與和諧，經常是一念之間。因此父母若能在口出威脅之前，明白這些對話無助於前往「和諧」的目標，明白愈想快速抵達目標，就愈不該用言語威脅孩子，因為威脅不會讓孩子「乖乖吃飯」，反而會讓孩子「鬧脾氣」；倒數計時不會讓孩子「加快速度」，只會讓孩子「更崩潰」。

什麼樣的「對」話，才能讓我們貼近孩子？讓父母朝著「和諧」的目標前進？

關鍵在於：如何正確提問，讓問題準確對焦，讓對話聚焦。這便是所謂的「核對」，如何在溝通時運用「核對」這項工具，是溝通能否順暢的關鍵。因為，只要有言語的往來，就勢必會有誤會存在，因此「核對」可以解決這個問題，釐清問題的根本，省去不必要的曲解。

「核對」這項工具，能幫助人與人、父母與子女的焦點更清晰，亦可全面浸潤於對話之中。

先安頓內在，才對話

一日，我開車帶全家人出門。路程中，二女兒川川突然煞有其事的叨唸著：「我好想要有個姊姊哦！」

我在開車，沒聽懂川川話中的意思，困惑的說：「你有姊姊啊。」

川川這時又重申了一次：「我是有姊姊沒錯啦，可是我不想要這個姊姊，我想要一個會疼我又愛我的姊姊啦！」

透過我的解讀，我猜川川的意思是：大姊三三對她不好，所以她很希望姊姊能對她再好一點。

於是我核對川川內心的想法，再次提問：「川川，你想要一個怎麼樣愛你、疼你的姊姊呢？」

川川：「就是會送我東西，不會罵我的姊姊呀！」

我再次核對：「原來川川要的是一個會送你東西，而且不會罵你的姊姊呀！可是我怎麼記得三三姊姊昨天才送你好多東西……」

川川：「對呀，姊姊昨天送我好東西，也是好姊姊啦，但是姊姊會罵我……」

我又一次核對：「噢，原來姊姊有罵你呀。那昨天姊姊送你東西時，也是一邊送你一邊罵你嗎？」

川川：「沒有啦，昨天姊姊很棒，送我很多東西，也沒有罵我，昨天姊姊是好姊姊，可是後來姊姊還是有罵我……」

我幾次核對，為川川帶來了省思，讓川川重新審視姊姊的行為，進而欣賞姊姊好的一面。

我：「我也有看到姊姊罵你，但是川川，我想請你記住姊姊對你的好，並且給姊姊多一點時間。姊姊很聰明，她學得很快，我相信只要給她時間，我想她應該……」

就在此時，爸爸插話了。他對川川說：「噯！這個姊姊不愛你，你就不要認她當姊姊就好啦。你之前不是有遇到很愛你的『可愛』姊姊嗎？你就認那個『可愛』姊姊做你真正的姊姊啊！」

我一邊開車，一邊瞪大眼睛看著先生。

先生這番話是激將法，這不但不能解決問題，反而讓一旁的姊姊聽了內傷，甚至演變成嚴重的情緒問題。果然，姊姊立刻在我身後崩潰爆哭，大聲嘶吼：「爸爸好壞！我討厭爸爸。」

先生自以為正在「解決」兩姊妹的問題，希望藉由話語的刺激，能激勵姊姊做個符合妹妹期待的好姊姊。然而這些話聽在姊姊耳裡，除了「指責」，沒有別的了。任何人聽見自己被指責，心情都是憤怒的，面對憤怒的情緒，大人都無法適時安頓內在，更何況是孩子。想將憤怒的情緒轉為奮發向上的努力，先生想得太美好了。

然而面對姊姊的崩潰，爸爸忘了先「核對」姊姊的感受，繼續以自己的慣性回應：「我又沒說錯，你不喜歡川川，每天都罵她，不把她當妹妹來愛，那就讓喜歡川川的人來當她姊姊就好啦。」

這種壓迫式的對話，姊姊會因此自我反省？學到對妹妹好一些？結果正好完全相反。爸爸慣性的對話，如同一只拳頭，重重壓在三三的胸口上，三三果不其然哭得更崩潰了。

我拍了拍爸爸，說：「對話的目標是為了和諧，你這番話比較像是挑撥離間呢。」

爸爸辯解：「我又沒說錯，妹妹被姊姊這樣對待，都想換姊姊了，我當然要……」

爸爸的話還沒說完，姊姊號哭未止，妹妹突然憤怒相向，竟然對著爸爸嚷嚷：「爸爸壞壞，我要三三當我的姊姊啦！爸爸壞壞！臭爸爸！」

先生聽矇了，他沒想到自己幫妹妹出氣，得到的卻是被兩姊妹討厭。

父母與孩子間的對話，目標若是「和諧」，那麼在說話之前，千萬別被慣性牽著跑，盡量讓自己的話語放在「核對」的脈絡裡，將省去許多不必要的情緒波瀾，也會更貼近孩子的內在。

第二部

解構
對話路徑

一

停頓

讓問題跑一會兒

停頓，在對話過程裡，屬於基礎能力，也是父母掌控親子對話節奏，最主要、最得力的工具。

停頓有太多的益處，無法一一盡數。停頓的奧妙，也難以盡說，只有涉入對話的學習者，真正使用它，才能明白停頓的必要性。

剛開始使用「停頓」這項工具，可能較不易上手，但若轉換為白話一點的說法，停頓就是「讓問題跑一會兒」，應該就不難理解如何使用。

例如：孩子摔倒，前來找父母哭鬧、討抱，那麼大人只要照孩子的想望，讓孩子哭一會兒，或抱孩子一會兒，任由孩子的情緒跑一會兒，看看一段時間過後，孩子的情緒有何變化。

例如：手足爭執，哥哥與弟弟爭奪玩具互不相讓，做父母的就在一旁看著兄弟倆的衝突即可，讓衝突自己跑一會兒，看有無其他變化。

父母若因為孩子哭或吵鬧，而覺得疲累萬分，也可以趁著讓問題跑一會兒的空檔，適時調整自己的呼吸，在停頓的縫隙中緩慢穩定自己的內在。

停頓，有著多層次的意義，有時是為了讓自己即將高漲的情緒恢復平穩，有時是為了讓彼此有足夠的時間思索與覺察，有時則是為了拉開距離，讓彼此都能用更豐富的目光，重新理解對方、貼近對方。

停頓這項工具，用得好是藝術，運用稍有差池，則是冷戰。

在這一章節，將會利用一次「手足衝突」事件，完整解構「對話脈絡與工具」。

調解手足衝突的對話脈絡

以下先呈現對話的全貌，讓讀者明白整起事件的來龍去脈，以及對話的路徑。

今年暑假，我和先生帶著三個孩子在台東遠地旅行。

帶孩子出門旅行，肯定都有這樣的經歷：歡喜的帶孩子出遊，最後卻狼狽回家。讓父母狼狽的，絕對不是旅行的路途多遙遠，而是路上孩子們的爭執衝突不斷，哭聲尖叫崩潰聲不絕於耳。

我的孩子也是如此，台東八天的旅行，從出門那一刻鐘就戰火四起，爭執不斷。旅行到了第三天，一早出門前，姊姊三三和妹妹川川發生爭執，姊姊忍不住動手打了妹妹。

妹妹瞬間悲從中來，哭得肝腸寸斷，於是我開啟了對話，其路徑如下：

我（對川川）說道：「我知道你很委屈，媽媽答應你一定會處理好這件事，你願意相信媽媽嗎？」

川川：「我相信。」

三三忍不住好奇的問：「媽媽，你會怎麼處理？」

我道：「這次旅行已經過了三天，我在思考這次旅行的意義，未來還有五天的行程，我該用什麼樣的理由支撐自己繼續走完全程？」

三三困惑：「媽媽，你說的是什麼意思？我聽不懂。」

我重新述說：「我的意思是，旅行已經第三天了，這三天來，你們是開心的時候多，還是吵架的時候多？你能告訴我嗎？」

三三回答：「吵架的時候多。」

我說：「那麼，請你告訴我，能支持我繼續走完剩下旅程的理由，是什麼？」

三三無法回答我的提問，反而執拗的說：「媽，我不想回去，我想繼續旅行。」

面對三三的反應，我附和：「我也想繼續旅行，但想要繼續旅行，不代表可以動手打人，更不表示我能接受旅行時你和妹妹兩個人每天吵架。所以，我需要你告訴我，支持我們繼續旅行的理由是什麼？」

三三沉默了好一會兒之後，緩緩說著：「媽，我會跟妹妹自己處理好問題，之後也不會一直這樣吵架，等我和妹妹處理好問題後，你願意繼續帶我們旅行嗎？」

上述對話，看似簡單，但是若能明白內裡每個困境的處理工具，以及對話轉彎的緣由和運作的原理，在何處將對話停頓，就能讓對話成為力量，自己生出翅膀，扇起一陣清風。

接下來的章節，將介紹幾個「對話」過程不能缺少的「工具」與「觀念」：

1. 停頓
2. 破口
3. 發言權
4. 核對
5. 規範

1 停頓 傳統對話與停頓對話的差異

用恫嚇威脅迅速解決問題，孩子只會像爆米花一樣炸開。
面對手足衝突，不急著處理，停頓一下，先穩定自己的內在。

過去，大人在介入孩童衝突時，總是盲目的進入對話場域，尤其聽到孩子頂嘴、爭論，甚至打鬧，父母就彷彿著了魔似的，不由自主的跳入衝突中，希望以自己的介入消弭戰火。

然而盲目的跳進戰火，想以「父母」的位階去處理孩子的爭執所開啟的「對話」，不是真對話，那只是想要孩子「聽話」，而營造出來的「假對話」。

假對話的目標是「企圖解決紛爭」，想以高壓的方式快速解決，如第一單元「對話的目標」所提，結局就會是「父母只會得到更多崩潰的孩子」，這便是傳統對話和停頓對話間的差異。

傳統對話經年累月在各個家庭中發生，我和先生共組的家庭也不例外。

一如暑假到台東旅行的這八天，姊妹倆的戰爭從第一天第一秒就開打了。從趕火車拖拉行李，到抵達台東後改以開車做為交通工具，在狹小的密閉汽車內，誰又不小心碰了誰，兩姊妹幾乎到了水火不容、凡事皆爭的地步。一連三天，我和先生的耳朵都處於燒焦狀態，在這樣的情況下，旅行還要繼續嗎？

當然要，為什麼不？

旅行是手足長時間相處，學會如何處理衝突的最佳時機呀！

讓問題跑一會兒

面對孩子間的爭戰，父母該如何讓自己的情緒平穩，是引導孩子學習的關鍵。

該怎麼處理這類問題？

「讓問題自己跑一會兒」在此刻便能派上用場。

在兩姊妹的衝突裡，我調整自己觀看戰火的距離和心情，不急著處理孩子間的衝突，抱持著「讓問題跑一會兒」，看看問題能撞出什麼曙光來，也藉停頓的時刻，穩定自己的內在，不隨著孩子的爭執而心情有所起伏。

旅行持續，孩子爭執也持續，有時候「問題」自己會找到解決的方法，兩姊妹突然戳到彼此的笑點，姊妹哈哈大笑，問題就會自己化去。

有時候問題找不到解決的方法，衝突便會以各種事件為由，不斷出現，讓姊妹倆衝突的浪潮一波高過一波。

面對衝突的浪潮，我內觀自己的心，沒有什麼波瀾，心緒仍是平穩，我便雲淡風輕的看著兩個孩子的一切。

然而，我的平穩並不能為我的先生帶來平靜。面對孩子的衝突，先生（爸爸）顯得浮躁不耐。

第三天一早，姊姊和妹妹又因為某事吵得不可開交，姊姊受不了妹妹一再越界觸摸她的東西，在屢勸不聽的情況下，姊姊動手打了妹妹的臂膀。

兩姊妹上車後，各有自己的委屈，一個憤怒（因東西不經同意被觸碰），一個崩潰（因被姊姊打了臂膀），車子裡充斥著叫罵和哭聲，不得寧靜。

坐在副駕駛座的先生，對於女兒們的爭吵，實在忍受不下去了，終於開口介入她們的戰爭。但先生愈想解決「吵架」的問題，說出來的話便會是「傳統高壓」方式，孩子的情緒也會因壓迫而反彈。

果不其然，先生一開口，第一句話便是：「誰再吵，就去坐別人的車，不准坐我們的車。」

傳統對話的困境

從這句話，看得出先生面對孩子間的爭執已經到了忍無可忍的狀態，他只想把「問題」扔出窗外，眼不見為淨。

這便是傳統的對話方式，以「解決問題」為導向的對話，想以高壓的方式壓制住孩子的紛爭。

但是先生的話語一出，立刻應驗了「愈想快速解決，就愈難解決」的道理，三個孩子情緒瞬間全部風起雲湧，後座哀鴻四起，抗辯的抗辯，不服的不服，紛紛訴說自己的委屈。

姊姊馬上抗辯：「是妹妹先弄我的，我一直請她不要弄，可是她都不聽，我又沒有怎麼樣。」

妹妹也抗辯：「我只是輕輕弄姊姊的東西，姊姊就打我很大力，姊姊要去坐別人的車才對。」

接下來換弟弟跟著鬧情緒：「我什麼都沒做，為什麼我也要下車？我要去玩、去玩、去玩！」

車子裡鬧哄哄，充斥著各種情緒，比原先兩姊妹爭執的聲音更令人頭疼，車頂都要掀翻了，再怎麼理智的人坐在車子裡，腦袋都要炸掉。

這便是傳統對話與停頓的差異。傳統的對話，習慣以高壓方式去對話，大人只想趕緊解決問題，因此認定高壓的語言，恫嚇威脅孩子，就能把問題壓下去。

但事實證明，壓下去的，是孩子對父母的尊敬；壓不下的，是憤怒與不滿。

孩子的怒吼和哭聲，若能以和緩口吻處理，孩子的情緒也許有機會紓解。可惜先生介入時，內在已經是煩躁不耐的狀態，如今哭聲又比之前更瘋狂，先生感覺自己不被尊重，爸爸的地位受到嚴重考驗，在已然升起的情緒上頭，更增添許多憤怒，平穩的內在早已離他而去。

面對這種情況，先生只想讓滿車的吵鬧再次「快速」安靜，於是先生憤怒大吼：「再吵就統統下車，不准出去玩了！」

三個孩子被爸爸這麼一吼，只安靜了三秒，隨後一個個像爆米花炸開，以更高分貝的哭聲和尖叫來回應爸爸的情緒。

先生呼吸艱難、臉色漲紅，瞬息之間頗有絕地大反擊之態，一場山洪猛獸的戰爭一觸即發。

這便是傳統對話的困境，因為父母只能一而再，再而三的上調音量，想利用聲量鎮壓所有叛逆的孩子。可惜，最後只得到狼狽的結局。

2 破口 尋找對話的契機

處在情緒張力的高點，並不是對話的好時機，耐心等待對話的「破口」，再行對話之實，會容易許多。

買賣股票，講求進場和退場的時機；對話也一樣，進場退場的時機，牽動對話的過程與結果。

做電視節目，有個專有名詞叫「破口」，是專門讓廣告插入的地方。對話要切入，也需要在日常生活中找破口做切入。

對話進場的破口與時機，該如何判斷？

底下是三個「適合對話」的要點，想進入對話的父母，可以時刻檢核狀態是否符合這些要點：

1. 大人內在平穩

這是最關鍵也是最重要的要素，只要這個要點能確立自己情緒「平穩」，無論何時何地，都是對話的好時機。內在平穩，才能以海洋之姿，接納百川的匯流，洞悉孩子行為背後的訊息。

2. 孩子情緒平穩

啟動對話時，不宜選擇孩子情緒正在高張的當下，如果孩子情緒高張，如：崩潰、大哭、嘶吼、歇斯底里等行為出現，孩子的理智、聽力（認知系統），都呈現自動關閉的狀態，再多的語言都是無效的。因此，當孩子情緒仍在沸騰的狀態，孩子需要的是發洩情緒，這時不適合對話。父母此刻只需陪伴孩子，不必急於進場對話，等待孩子情緒平穩後，再開啟對話。

3. 目標與意圖

在進場對話前，目標的設定，影響著對話進行時的語態與節奏，想要成功貼近孩子的內在，對話的目標當設在「陪伴」、「引發孩子覺察」，其語態與節奏便不會躁進。若目標設在「解決問題」，為了想盡快抵達目標，內在就會急躁，語態便會顯得不耐，不耐的情緒又讓對話節奏更顯煩躁、口吻激動，如此不停的循環遞增惡劣的對話環境，將不利於雙方溝通。

因此，當孩子在旅行途中屢屢有爭執，先生貿然介入，已錯失「內在平穩」的基礎。再加上先生以「解決問題」為目標導向，在言語中增加了壓迫式的言論，孩子會產生情緒反彈，是可預知的結果。

靜觀衝突的微妙變化

面對先生與孩子一觸即發的戰火，我該如何介入對話呢？介入對話之前，又該注意些什麼？

答案是，繼續讓問題跑一會兒。

姊妹爭執，我鮮少第一時間介入，縱使姊妹的情緒現在因爸爸的話語而崩潰，我也先允許她們發洩，也允許先生以自己的方式管教孩子，不加以批評或指導……事實上，這些皆是「讓問題跑一會兒」。

當然這也包括姊妹衝突，我已讓問題自己跑了三天呢！

決定在第三天出手介入戰爭，除了孩子爭執的曲線日益上升，絲毫沒有減緩，另一原因是先生也捲進戰爭裡，這是影響我進場的關鍵。

進場前，我依上述提及的「適合對話」的要點，依序審視自己內在，確認自己是平穩安好的，再審視孩子的情緒，孩子的情緒因先生的刺激，處在張力的高點，因此並不是對話的好時機，我得耐心等待對話的「破口」，再行對話之實。

因為我知道，誰愈急，誰的位階就相對弱勢，因此即便我已經進場，我也只對正在哭泣的妹妹川川說：「我知道你很委屈，媽媽答應你一定會處理好這件事，你願意相信媽媽嗎？」

坐在後座的川川不哭了，點頭回應「相信」，於是我繼續開車，川川則安頓了自己。先生知道我要接手處理，內在也穩定了。

接下來，我將所有問題拋於靜默的車廂空氣裡，讓問題自己跑一會兒。

我專注的開車，先生看他的風景，妹妹安穩的等待，弟弟則不知發生什麼事而專注玩自己的玩具。

車子裡異常安靜，每個人都平穩，只有一個人例外，那個人是姊姊。

通常，讓問題跑一會兒之後，對話的破口會顯現，我們只要在破口出現時，認出它，並且適時的進行對話。

姊姊在車內顯得坐立不安，時間如針氈，刺得姊姊渾身難耐。

最後姊姊終於受不了，打破滿車的寂靜，直搗黃龍的氣勢，直問我：「媽媽，你會怎麼處理？」

誰愈急，誰的位置就相對弱勢，現在姊姊有求於我，我便得到發言權。孩子主動找上門的，都是希望父母開口，而且是願意聽父母說話的，這比父母主動去找孩子約談，還要珍貴許多，因為找孩子約談，只會讓孩子感覺壓力而有所防備，還會讓孩子產生不耐與排斥。

這便是讓問題自己找破口的優勢。

3 發言權 有效的對話

時刻檢視自己是否處於「適合對話」的狀態，
如果能做到「貼近」和「引發覺察」，便是一次好的對話。

對話裡的發言權和網球比賽的發球權一樣，得到發球權，攻城掠地的戰績才會是你的，因此搶到發言權是很重要的。

發言權得來不易，許多父母為了搶這發言權，劈頭就想展現權威，以雷霆萬鈞之勢做開頭，教訓孩子太過吵鬧，結果下場是：語言表達不善的幼童會以崩潰情緒回應，大吵大鬧，最後父母灰頭土臉收場。大一點的孩子語言雖然完善了，但他們知道多說沒用，因此只能生悶氣，感覺很委屈。更大一點的青少年不是暴跳如雷的頂嘴，不然就是甩頭走開，冷戰決裂就此展開，弄得父母狼狽萬分。

現在明白由孩子主動拱手讓出的發言權有多珍貴了嗎？發言權是讓父母能像個人一樣，和孩子好好說話，而且能讓孩子全神傾聽你說話。這樣的發言權，是很難得的。

這麼珍貴的發言權，要怎麼使用呢？

引發孩子好奇的對話

許多父母得到寶貴的發言權，卻不懂運用，一拿到發言權，舊有的責罵模式立刻上身，以權威的方式教訓孩子，這不僅浪費了好不容易得到的發言權，也讓自己重返最初的困境，孩子也會以情緒對抗，根本無法溝通。一如前面提到，姊妹倆在旅途中的爭執，先生以傳統高壓方式進行對話，不僅瞬間喪失對話的發言權，更引起孩子諸多的抱怨與不滿。

在對話的過程，除了時刻檢視自己是否保持「適合對話」的要點，對話時，選擇提問的方式也很重要。如果每一次的對話，都能做到「貼近」和「引發覺察」，便是走在好的對話上。

因此，面對大女兒三三提問：「媽媽，你會怎麼處理我們？」

我該回應什麼，才能繼續保有這個發言權？
對話時，記住「三不，一要」的口訣，對話的路徑就不至於偏頗。

1. 「不」要老是想解決問題。
2. 「不」要用自己的觀點評價孩子。
3. 「不」要給孩子答案。

此為三「不」，至於一「要」，則是——「要」用提問的方式，讓孩子自己說出「答案」，這是對話是否成功最重要的關鍵。

為了讓體會能更深一點，底下我羅列出四種回應，大家可以瞬間明白，哪種說話方式會引起戰爭，哪種是有效的對話：

1. **你還有臉問我想怎麼處理？**（此話踩到「三不」中的「不要用自己觀點評價孩子」的雷區）
2. **都是你動手打妹妹，我說了幾百次不能動手，你為什麼總是做不到！**（此話踩到「三不」裡的「不要給孩子答案」的雷區）

3. **你說呢？**（此為無效對話，因為它無法為孩子帶來覺察，只會讓孩子感到壓力與防衛）

4. 這次旅行已經過了三天了，我在思考這次旅行的意義，未來還有五天的行程，我該用什麼樣的理由支撐自己繼續走完全程？

從這四句對話的方式，不難看出第四個選項是最不會引發孩子情緒，也是最不會讓父母丟失發言權的一句話。

第四個選項的對話，沒有責罵，沒有指責，又能引發孩子的好奇，我將此對話稱之為「有效的提問」。

4 核對 讓孩子從幽谷中覺醒

孩子經過自己的思考所說出來的答案，表示願意為此答案負責，猶如氣球在內部安裝加壓減壓器，情緒便不會扭曲變形。

這句「旅行的意義，以及未來還有五天的行程，我該用什麼樣的理由支撐自己繼續走完全程？」表面上看起來是在問我自己，但實質上，我問的是姊姊三三。藉由這個提問，我展開的是「核對」的對話脈絡。

既核對了「旅行的意義」，又核對了「爭執的行為」是否得宜。

三三無法理解我這句提問，於是問我：「媽媽，你說的是什麼意思？我聽不懂。」孩子聽不懂問題，是正常的，這時只要換個方式再提問一次（**換句話說**）。

於是，我再次提問：「我的意思是，旅行已經第三天了，這三天來，你們是開心的時候多，還是吵架的時候多？你能告訴我嗎？」

這提問，聚焦於我想探討的問題。這句話本身無關指責，無關批評，也不以自己的觀點來批評孩子，而是請三三來告訴我她對於這次旅行的觀點與評價。

三三不假思索的回我：「吵架的時候多。」

由孩子嘴巴說出的觀點與評判，孩子才會信服，遠比父母憤怒咆哮指責，更能讓孩子覺察錯誤。這樣的提問，便是一次有效的提問。

啟動孩子內在的覺察

傳統的親子對話，經常是父母以「自己的價值判斷」，來詮釋他們所看到的事物，放在此處對話裡，傳統的對話就會變成：

「你們旅行時吵架的時候比開心的時候多很多！你們太吵，一點都不乖，一點都不體諒大人帶孩子旅行的辛勞。」

這樣的對話便會落入嘮叨、責罵、訓斥等舊有對話慣性。以大人的觀點來教訓，一如前章所提及的「氣球理論」，在氣球內部壓力不減的定律下，大人於外在施壓，只會讓氣球變形。雖然氣球在受壓之處會凹陷，看起來好像被控制住了，但事實上，氣球內在壓力會在他處膨脹變形。這便是多數親子屢屢發生衝突的緣因。

反觀此處，三三經過自己的思慮所說出來的答案：「吵架的時候多」，意味著這是她對此次旅行所做出的詮釋，猶如在氣球內在放入自動幫浦，自動加壓減壓，氣球便不會扭曲變形，更不會爆破。

「有效對話」已經鋪展開來，那麼第二句話該落在何處？

只要繼續在核對的脈絡上，以「有效的提問」做對話，在過程中繼續掌握「三不一要」的原則，以此周而復始下去即可。

因此我的第二句提問是：「我和你一樣，也覺得你們吵架的時候太多了。三三，你能告訴我，旅行是為了得到開心？還是吵架？」

我再次向三三核對「旅行的意義」，藉由核對，啟動三三內在的覺察（這是對話的目標）。

三三回應我：「當然是為了開心。」

自己永遠是自己的上帝，一旦說出口的話，會變成自己的信仰，一旦成了信仰，就不容自己反悔改變，會繼續信仰下去，成為莫名的約束力。而這種信仰，便是由內而外一致性的起點。

因此三三回應的這句話：「當然是為了開心」，如同船隻的舵，定義出航行的方向。為了抵達目標，她會全力遵守她選擇出來的方向，這個方向對她而言便產生約束，因為是她自己允諾的，無法賴皮辯解，她已經為自己做出一致性的承諾。

三三的一致性的承諾展開來了，後面的對話可以水到渠成，只要繼續有效的提問（深層的核對）：「既然旅行是為了快樂，你們吵架已經吵三天了，請告訴我，我們還有繼續旅行的理由嗎？」這句話看似回到第一句的提問上，但回程的對話，與來時的對話已經有了完全不同的意義，這句有效的提問藉由反覆的核對，點出了這次旅行的問題關鍵。

三三沉默了。

我在她的沉默中繼續開著車，沒有打擾她的沉默，我明白三三正在思索。

給彼此停頓的空間

孩子思索時，也是我「停頓」的最佳時刻，讓問題跑一會兒，能讓我稍做自我覺察（我內在是否依然平穩？），也拉開距離對孩子做觀察。

靜默一會兒之後，三三回應道：「可是媽媽，這趟旅行，我也有做很多好事啊！

像摺衣服、洗衣服、幫弟弟洗澡。」

我為三三的回應感到感動，絲毫沒有覺得這是她的抗辯，由於自己的平穩，讓我看得更深遠，我看見她在我的開闊中，滋養了她的自信與價值，她願意為自己的權益絞盡腦汁，奮力爭取，這是她的優勢與資源。

父母若是開闊且接納的，孩子便能在父母的開闊中完全展開自己的翅膀，為獨立飛翔做準備。

三三在旅行中的付出，我給予正向的回饋：「是的，你確實在旅行中做了很棒的事，我都看見了，我非常感動，謝謝你。」

然而，欣賞孩子的優點，並不等同我允許她打妹妹，因此我再次做出核對，並且使這份「核對」符合「有效的提問」。

「那麼，你能告訴我，在旅行中，你做的好事多，還是吵架的時候多？」

三三聞言，又陷入一陣沉默，久久才緩慢開口：「吵架的時候多，而且是多很多很多的那種。」

三三再次闡釋了她的認知。這份認知，不是由我來判決，也不是因為我的脅迫而說出口，完全是由她自己覺察而來。這份覺察，正是對話裡最終的目標，如此才可能帶來改變。

我以緩慢的口吻，再一次詢問她：「那麼，請你告訴我，支持我繼續走完剩餘五天旅程的理由，是什麼？」

三三再度陷入漫長的沉默中，覺察也更深沉。

三三的思緒在翻湧攪動，我靜靜的等待著，讓問題自己再跑一會兒，藉著停頓的時光，給彼此深深覺察的空間。

5 規範 與孩子站在同一陣線

以自己的期待來回應孩子的期待，藉此清楚傳遞家庭規範，如此既能同理孩子的處境，也能讓父母和孩子站在同一陣線上。

一個家庭有一個家庭的文化與規範，孩子為了存活，勢必得在家庭的規範下，找到生存的方法，確保自己能順利長大，這便是孩子求生存的本能。規範，也是父母養育孩子成為獨立自由的個體前，運轉一個家庭必要的手段。

家庭規範，一如一個國家對內的法律，想在這個國家內生存的人民，必須遵守國家的規定，如此才能使國家運轉無礙，人民才能得到最大的自由。

也因如此，與孩子對話的過程，在來往的對話中，清楚傳遞家庭規範，使成員遵守，亦是必要的。但規範並不是僵硬呆板的教條，而是隨時可以包容百川匯流的活水。一如法律雖是死的，但法官卻是活的，因此相同的案例，在不同的法官判決下，都有不一樣的結果。

與孩子對話時，父母在不違背「貼近孩子」的前提下，適時將家庭規範傳達清楚，也是對話時需要帶入的。

引導孩子自己想到辦法

我的提問「那麼，請你告訴我，能支持我繼續走完剩下五天旅程的理由，是什麼？」亦是導入家庭規範的引導句，藉由提問，讓三三能不斷在此界線下做出覺察。

三三沉默後，開口的第一句話是：「媽，我不想回去，我想繼續旅行。」

這是三三的期待（想望），面對期待，大人的回應通常不是「答應」就是「否定」，鮮少用期待的方式表達，也喪失了與孩子連結的機會。因此，面對這類問題，只要先與孩子做出連結（同理），讓孩子感覺被理解、不至於孤單後，再表達家庭內成員應該遵守的規範（不能跨越的界線）。

我回應三三：「我也想繼續旅行。但想要繼續旅行，不代表可以動手打人，更不表示我能接受旅行時你和妹妹兩個人每天吵架。所以，我才如此需要你告訴我，支持我們繼續旅行的理由是什麼？」

「我也想繼續旅行」，這句話在表面上看來，是我的期望，但事實上是回應三三的期待，並且以自己的期待來貼近孩子的期待，藉此同理孩子的處境，如此一來，我和孩子就能站在同一陣線上來看待事物。

「想要繼續旅行，不代表可以動手打人，更不表示我能接受旅行時你和妹妹兩個人每天吵架」這句話，再度清楚告知三三，我對於家庭規範的界線與堅持。

在這句對話上，我既貼近了孩子，又重申我的原則以及家庭規範，三三便能在愛裡得到滿足，又能在家庭規範中找到生存的方式。

三三再次大規模的沉默，她陷入更深層次的思索與覺察。

最後，三三打破滿車的沉靜，以堅定的口吻對我說：「媽，我跟妹妹會自己處理好問題，之後也不會再一直這樣吵架。等我和妹妹處理好問題後，你願意繼續帶我們旅行嗎？」

問題跑一會兒之後，問題和三三一起破繭，三三成為自己的主人，而不是被情緒牽著跑。三三自己想到的辦法，才能讓她信服，她也才願意遵守，這便是由內而外、表裡合一的一致。

耐心與孩子深層對話

「問題」從來不是問題，大人怎麼「應對」，才是真正的問題，薩提爾女士如是說。我秉持著信念，讓問題自行奔跑，問題從來就無須父母介入，無須大人處理，更無須去擔憂，孩子要的，是大人沉穩的陪伴，引領他們趨於完整，成為完整的人。

三三能以此種綜觀全局的姿態，主動帶領妹妹解決彼此間的衝突，讓我感動不已。

我回應她，以愛的方式：「當然願意，我也非常想繼續旅行，我等你。」

得到愛之後的三三，展現的高度更高了，領導能力也更上層樓，做事顯得圓融許多，不僅主動帶領妹妹處理困境，誠懇的向妹妹道歉，也與妹妹一同討論下一次又爭執時，姊妹倆該如何。三三破繭後的能量，巨大無比。

我一邊開車，一邊聽後面三個孩子的笑聲，內在如沐春風般清爽。

然而，與三三這樣深層的對話以後，姊妹就不會再吵架了嗎？

在寫小說、寫故事的領域裡，我們都知道，只發生一次的事情，叫偶然；發生兩次的事，叫巧合。那三次以上呢？那叫有意義的伏筆。

孩子的成長也一樣，出現深層的對話一次，那叫蜻蜓點水；發生兩次的深層對話，那稱之巧合；展現三次以上的深層對話，那叫刻意練習。刻意練習，能讓孩子記住這個慣性，也才能成為孩子成長過程中有意義的伏筆。

對話的目標，從來就不在「解決問題」。親子對話前，請別再落入「想解決問題」的困境裡，孩子在成長過程中屢屢犯錯，才能屢屢學習，而我們也才能屢屢陪伴孩子成為一個不完美、但是完整的人，這才是父母之所以成為父母，在陪伴孩子長大的過程中，最重要的使命。

實作練習 1

正向對話

就讀小班的兒子一一，在某次晨起上學的時刻，向我表達：「不想去上學」的訊息。

由於一一表達的時間，和早上叫他起床的時間很靠近，因此分不出是「不想上學」，還是「不想起床」。仔細探詢之後，一一表示他不想去的原因有二：

一是他藏在書包裡的玩具被老師發現，老師會很凶的罵他。

一是他上課不小心跟別人說話，老師會很凶的叫他起來罰站。

針對第一個原因，我將我與一一的對話列於下方，但是遮去我回應的部分。請讀者實際操作看看，要填入什麼樣的對話，才能得到一一的應對與回答，並且在填寫完畢後，試著解析填入的對話中，是否符合本單元所提及的對話核心路徑：**核對**。

媽媽：你不想去學校，最近學校是不是發生什麼事讓你不想去呢？

——：因為我帶玩具去學校，老師就罵我。

媽媽：

——：我沒有拿出來玩，老師搖搖書包，就發現我有帶玩具。

媽媽：

——：老師就很生氣罵我了呀！

媽媽：

——：對呀，我會害怕，所以我不想去學校。

媽媽：

——：沒有，其他人都沒有帶玩具，只有我有帶。

媽媽：

——：只要沒有帶玩具去學校，老師就不會罵我了。

媽媽：

——：我可以呀！我可以忍耐。可是這樣我去奶奶（保母）家就沒玩具了，我想帶玩具去奶奶家呀。

媽媽：那這樣好不好，媽媽答應你，上學前你先告訴媽媽有哪些玩具需要送去奶奶家，媽媽在你放學以前先送過去，這樣你就可以玩到你想玩的玩具了，你覺得好嗎？

一一：好呀！媽，那你明天幫我帶轉轉蛇和挖土機。

隔天一早，一一起床時，沒有再鬧情緒說不想去學校，而是情緒穩定的晨起梳洗，背書包上學去。

重視孩子每一次的求救訊號，孩子有可能因我們的靠近，有了支持的力量，才能變得更勇敢，變得更獨立。

二

聽核心

新對話精神

近日聽聞了幾個家庭故事，頗有感觸。

第一個故事是個新聞事件。有一個母親，帶著一個五歲大的男孩到公園玩耍。離開時，不知何故，母親憤怒撇下孩子，開車要離去。大馬路上，孩子聲嘶力竭的扒著汽車，拜託媽媽不要走，拜託媽媽留下來，拜託媽媽原諒他，他已經知道錯了，會悔改，只求媽媽不要走。

但媽媽仍氣憤的開車離去，孩子因為恐懼被遺棄，因此趴在汽車後車廂上，隨著母親開動車子，孩子也懸掛在車廂蓋上晃動。

眼見，為憑。

母親非常殘忍。

眼見，為憑。

孩子多麼可憐。

然而，事實究竟是什麼？

在孩子聲嘶力竭之前，我們向母親探求了多少真相？母親是歷經了什麼樣的事情，堆疊出這樣風暴的情緒，我們可曾探索？

第二個故事是，一個母親，用盡心思教養孩子，努力要求孩子的言行舉止，稍坐不正，吃飯稍有躁動，學習稍有鬆懈，便時刻要求並責罵，嚴格管束，希望教出品格高尚、懂禮貌、守規矩，人人欣賞稱讚的孩子來。

但是孩子不受教，不管媽媽怎麼教，總會故意反抗，故意挑戰她的極限，故意製造出更多的叛逆行徑。母親雖然疲累至極，但她沒有忘記身為母親的責任，更沒有放棄對孩子的教養。媽媽到處上課，尋找更多、更好、更嚴格的教養孩子的方式。

眼見，為憑。

孩子性格頑劣。

眼見，為憑。

孩子不懂母親的用心。

然而，事實真是如此？

孩子被眾多教條包圍，尋常日子裡充斥著責罵聲，我們可曾試圖理解這個孩子的內在，不管他多麼努力，在母親眼裡總是有刺，他得花多少力氣去挽回，抑或下多大決心放棄人生？

第三個故事是，兩兄弟起爭執，母親親眼看見哥哥狠狠推了弟弟一把，弟弟向後翻仰，腦袋重重的磕在瓷磚上，發出巨大聲響。

眼見，為憑。

哥哥行為動粗。

眼見，為憑。

弟弟受傷甚巨。

母親因為這份眼見為憑，走上前，狠狠祭出兩巴掌，打得哥哥腦袋嗚嗡，暈頭轉向，還來不及辯駁，媽媽立刻警告哥哥，做錯事還不趕快跟弟弟說對不起。哥哥的眼神裡立刻湧出憤怒與恨意，母親上前，又是一巴掌，因為這個孩子，頑劣不聽。

然而，真的如此嗎？

在哥哥手肘上，清楚刻印著弟弟的齒痕，齒痕的深處，還滲著血。如果母親能試著多問一句，試著停下來傾聽孩子，也許就能明白哥哥的委屈，不亞於弟弟。

深入挖掘問題的起因

眼見，只不過是讓我們看見冰山頂端的行為（訊息）罷了。這些訊息，並不能代表故事的全部，冰山底層還埋藏了多少我們不知道的皺褶暗處，等著我們一點一滴去挖掘探索。

眼見不能為憑，眼見只能是引信，引發大人去好奇追問的一個起點。在學習對話之前，父母要先學會的，是擺脫過去的舊思維與框架，捨棄長久習慣的眼見為憑，或者，在原有的眼見為憑上，多一點好奇，對看到的事物有好奇，多探詢發生的起因，多傾聽孩子內在真正的聲音。真相，一直藏於冰山的底部，等著我們拾起適當的挖掘工具：停頓、探索、聆聽，緩慢的接近孩子，帶領我們往冰山底層走去。

對話的工具眾多，經常擾亂我們的思緒，眼花繚亂之餘，也不知道該如何使用，不明白如何展開，而對話的目標又該走向什麼方向？

為了讓「對話」時能更流暢、更具體、更廣為熟記，我將多年的對話經驗，濃縮為「聽核心」精神，只要以此精神為對話的目標，按照「聽」、「核」、「心」三個對話工具，所有父母都能立刻展開正向循環的「親子對話」。

「聽核心」精神，及三個對話工具的情境用法，如下：

「聽」：傾聽

包含表情、聲音、姿態等任何能散發訊息的行為，都必須要呈現「誠懇傾聽的樣子」，不帶任何敷衍的舉動。若在此工具，以「核對」的方式表現，便是以耳朵為要角，所做出的核對姿態。

孩子遇到困境，會向大人發出求救訊息（如：哭泣、崩潰、悲傷）。你會發現，擁有平穩內在的大人，在傾聽孩子時，身體會趨向孩子，眼神專注，無論是表情、呼息，甚至全身上下的細微舉動，都會散發寧靜而專注的「傾聽」訊號，讓孩子有被注意、被尊重、被傾聽，甚至被接納的感覺。因此，我們幾乎可以說，當成人能藉由「傾聽」的姿態，來傳遞「接納」的訊息，那麼這份傾聽，便是真正的「傾聽」。

「核」：核對

為了確保對象（孩子）陳述的事件（故事），是我們耳朵聽到，並且是我們理解的那樣，而做出進一步詢問，便是核對的意旨。

要在對話過程中展開核對，可以利用兩個小工具：「複誦」與「換句話說」。

這兩種工具的用法及使用情境如下：

1. 複誦

複誦的意思，一如文字所呈現，意旨：重「複」述「誦」，也就是聽到什麼，便重複聽到的話，再說一次。

複誦，看似低幼的舉動，但事實上，是以「說」這個動作，來呈現更高層次的「傾聽」。因此在「核對」的脈絡裡，複誦是「將耳朵聽到的，以嘴巴重複說出同樣的語言，藉此來核對問題」。

所以，複誦＝複製、重複聽到的語句。

例如，孩子陳述：「媽，姊姊打我。」

我們便可複誦：「姊姊打你？」

孩子陳述：「對，她剛剛為了搶零食打我。」

複誦：「她剛剛為了搶零食打你？」

以此類推。

複誦看似簡單，但語態上也須呈現內外一致的狀態。若大人內在稍有煩躁，語氣就會顯得急促不耐，傾聽的姿態也就失去真誠，孩子將感覺到自己是「不被重視」的，往後也許不會再求助於父母，影響甚巨，不能不警惕。

複誦這項工具，是極簡單上手的工具，運用得宜，便能穿梭於各層次的對話，也能自動化解許多手足衝突引起的情緒困境，是非常好用的核對入門工具。

2. 換句話說

如果「傾聽」是以身體的姿態，去詮釋「我在聽」，那麼「複誦」便是以「說」的舉動，來呈現「我很認真的聆聽」。至於「換句話說」，那是更高階層的「聽」，不只是重複語句，而是「孩子的話語，透過大人的理解，以大人的觀點重新詮釋孩子想表達的意思，並且換個方式重新說出口」，藉此呈現更高層次的「核對」深意。可說是「以大人的理解，來重新詮釋孩子所表達的事物」。

例如，當孩子說：「媽，我不想上學！」我們可以將孩子的句子視為母句，換個方式來探詢孩子所表達的句子底下，還有哪些訊息，因此我們可以這樣回應孩子：「在學校發生什麼事讓你不想上學？」

透過這句話，我們就更能協助孩子聚焦問題，讓對話拉近彼此的距離。

核對，透過兩個簡單的小工具「複誦」、「換句話說」，讓引導者能快速貼近對象（孩子），並且掌握對話的核心精神。

「心」：用心欣賞

欣賞，是在一段對話結束時，最好的結束語。如果可以做到誠摯的欣賞，孩子將因父母（大人）的欣賞，增加自我價值與自信。因此在正向對話的系統裡，「用心欣賞」幾乎可說是能量最強大，也最重要的結束動作。

欣賞，能讓孩子在能力上「增能」，比如當我們欣賞孩子「努力」，孩子便會認定「努力」是重要的，於是往後的行為，都會朝「努力」這個標的付出。因此我們幾乎可以說，「欣賞」的唯一準則，是有助於孩子發展「成長型思維」的核心價值。

欣賞之重要，可見一斑。

舉個例子來說，一個孩子考試考了九十八分，若是用過往傳統型思維，欣賞的方式是：「你考的分數真棒，我太為你感到驕傲了。」

因為我們欣賞的是「分數」，於是孩子關注的也會是「分數」。

如果我們欣賞的方式是：「你的成績真棒，你肯定非常努力，能不能告訴我，你是怎麼努力的？」

因為我們欣賞的是「努力」，於是孩子關注的焦點也會是「努力」。

這兩種欣賞看似都是稱讚，但事實上，影響的是孩子努力的方向。

根據研究，給予「分數」的欣賞，孩子將因為這一次美好的結果而對於未來的挑戰感到擔憂，害怕往後無法像這一次考到如此完美的成績。因此當遇到挑戰時，「分數」型的孩子容易膽怯，害怕面對危險，總是選擇容易（簡單）達成的任務去完成。

反之，給予孩子「努力」的欣賞，研究結果指出，這樣的孩子長大後，對未來充滿想像力，並樂於面對挑戰，因為他們深信自己只要「努力」，就沒什麼好懼怕的。

這便是「成長型思維」與「傳統型思維」的差異。

因此，我們可以說，成長型思維的欣賞，是發自內心「用心」去欣賞孩子，欣賞的是孩子「努力而來」的能量。而傳統型思維的讚美，多流於「事物的表面」，著重在「表象」的成績，而不關注「孩子本身」的能量。

以上三個對話工具，我稱之為「聽核心」精神，底下各章節，會以各個層次的生活案例，呈現「傾聽」、「核對」、「欣賞」等三個層次在對話裡個別及交錯使用時，是如何穿梭及運用。

圖1　完整對話精神：聽核心

<table>
<tr><td>聽：傾聽</td><td colspan="2">包含表情、聲音、姿態等任何能散發訊息的動作，都需呈現「誠懇傾聽的樣子」，不可敷衍。</td></tr>
<tr><td rowspan="3">核：核對</td><td colspan="2">為了確保對象（孩子）陳述的事件（故事），是你耳朵聽到，並是你理解的那樣，而做出的進一步詢問。可利用兩個小工具：a. 複誦、b. 換句話說。</td></tr>
<tr><td>a. 複誦</td><td>重「複」述「誦」，也就是聽到什麼，就重複說一次。例如：
孩子：「媽，姊姊打我。」
母：「姊姊打你？」</td></tr>
<tr><td>b. 換句話說</td><td>以大人的理解，重新詮釋孩子的意思，是比「複誦」更高層次的「核對」。例如：
孩子：「媽，我不想吃飯！」
母：「你的意思是現在肚子不餓，所以不想吃？」</td></tr>
<tr><td>心：欣賞</td><td colspan="2">欣賞，是一段對話最好的結束語。誠摯欣賞孩子，孩子將因父母的肯定，培養自我價值與自信。</td></tr>
</table>

1 三道安全卡榫 傾聽、複誦、核對

寧靜而專注的傾聽、複誦孩子的疑問、深層核對孩子的意思，三道安全卡榫，救孩子遠離危險的家庭溝通系統。

幾年前，一位名校新生跳樓自殺。

雖然這不是高中學生自殺首例，然而資優孩子面對高壓環境，選擇結束生命，父母在孩子走上絕路之前，是否曾經接獲孩子的求救訊號？

事實上，這個孩子在出發走上歸途之前，確實發出求救聲，只是父母錯過了，不知道那竟是孩子的求救訊號。

孩子曾經不只一次告訴父母不想進第一志願，因為怕好學校的壓力太大，想降讀第二志願。

傾聽，讓孩子向我們走來

父母對孩子有期許，好不容易考上了第一志願，怎麼可以放棄？因此他們大大鼓勵孩子勇於嘗試挑戰，沒有迎向挑戰就退縮的人生，不是他們期望孩子該有的特質。就這樣，孩子走進了充滿黑洞的恐懼與想像中。

父母其實沒有錯。面對挑戰，要求孩子要勇敢面對，怎麼會錯呢？孩子也沒有錯。面對恐懼，知道自己能力，因此提出想法，希望父母能理解自己內心的焦慮，何錯之有？

那麼，造成這場悲傷的結果，究竟是誰？

那肯定是家庭溝通的系統不完善，造就了悲劇。

救孩子遠離危險的首要安全卡榫，就是「傾聽」。

當孩子在陳述「恐懼」時，若父母做好傾聽的準備，全神關注孩子，傾全身之姿傾聽，孩子便能鼓足勇氣將內在的恐懼全盤托出，傾訴於父母。若父母傾聽的姿態是敷衍的，沒將孩子的恐懼當一回事，那只怕要錯過孩子的求救訊號了。

與人相處，傾聽絕對是第一步。如果孩子向母親陳述自己在學校遇到的困境，母親卻正在做家事或煮飯，僅以背部或斜眼面對孩子，那麼孩子接收到的訊息就是：母親很忙、很煩躁，沒空理我，最好不要跟母親說話。

如果傾聽的姿態是寧靜而且專注的，以完整傾聽的方式，與孩子面對面，孩子接收到的訊息則是：我是重要的，母親很想知道我發生的一切。

一旦傾聽的橋搭建好了，孩子自然也會順著橋，從對岸向我們走來。

複誦，讓問題自己找到出口

「聽核心」對話精神的運用，在日常生活中隨時隨地都可展開，尤其「核對」含納「傾聽」、「複誦」、「深層核對」等層次，這便是教孩子遠離危險的三道卡榫。初期使用「核對」，需要父母多一點的覺察，以免被過去的慣性給牽引而不自覺。

有一回我開車載著二女兒川川。當時她坐在後座，我們漫無目的的閒聊，有時聊聊天氣，有時聊聊天空的澄澈，有時則聊聊盤旋的老鷹。有那麼一瞬間，我看見路邊有隻黃色小蝶，在我等紅綠燈時，從車前翩翩飛過。

川川突然問我：「媽，蝴蝶是怎麼做的？」

什麼意思？我納悶極了。

我腦子裡飄過的畫面是：毛毛蟲蛻變成蝴蝶。所以蝴蝶是毛毛蟲做的？這是什麼怪問題？但川川應該不是這個意思，應該是……腦子裡出現的另一畫面是：用紙摺出蝴蝶的樣子！

一想到紙做的蝴蝶這答案，我內在突然湧出不耐煩，川川這傢伙幹嘛在這時候出難題，是想叫我做一隻蝴蝶給她嗎？她不知道我在開車嗎？

如果按照過去慣性，我肯定回孩子：「到底在講什麼？蝴蝶就是蝴蝶，能用什麼做？你怎麼連問個問題都不會問！」

但如果我會使用「核對」裡三個層次的工具，我無須過度詮釋孩子話中的意思，只需將孩子的提問，重新複述一次，許多問題便會自己找到出口。

當下，我便依著女兒的問題畫個葫蘆，把問題丟回去給川川，我問：「蝴蝶是怎麼做的，你的意思是？」

川川很可愛的伸長雙臂，回應我：「就是我忘記要怎麼用手做出蝴蝶的樣子啊！」

聽見川川的回答，我不禁笑了。我差點誤解了孩子的意思而胡亂發脾氣了呢。

我僅以對話中「聽核心」的第一與第二層次的「傾聽」與「複誦」（核對工具之

一），順利讓問題自己找到出口，化解了。

如果面對女兒的提問，我被過去慣性牽引，僅以我聽到的「觀點」產生出「不好的感受」，直接以「情緒」回應孩子的問題，斥責孩子連一個簡單的問題都不會問，沒有去「核對」她的真正意思，我和孩子就會在「認知」上辯論，以情緒來溝通，這樣的對話過程，就已失去了「傾聽」，自然也不會有第二層的「複誦」，更不會有更深層的「核對」（此處核對指的是「冰山」各層次的核對）出現，這一切都起因於大人內在的不平穩。

對話中的核對能否展開，父母內在是否平穩，是親子對話是否成功的關鍵，影響甚巨，不得不時刻覺察與警惕。

名校學生自殺事件，倘若父母親停下來，聆聽孩子內在的恐懼，去核對孩子對於學習的想法，結局是否會不一樣？

核對，深刻理解孩子的心裡

那個孩子已經離世，結局已定無法改變。但是底下一個牙醫系學生拒學的故事，可能可以讓我們窺探一二。

一位年逾六十的母親，非常有感觸的對我說：「親子溝通時父母有沒有傾聽，真的差很多，我就是活生生血淋淋的例子！」

母親說，她的大兒子十八歲那年考上了牙醫系，她和先生高興極了，因為他們夫妻對醫生這個職業有非常高的憧憬，想著家裡將要誕生一位醫生了，多麼光榮呀，過去的辛苦都值得了。

結果，兒子讀了一個學期，寒假回家居然跟父母說：「牙醫好像不是我想要的，我想休學。」

父母一聽，內在立刻焦慮了，以自己的「認知」去詮釋孩子不上學是極為嚴重的事情。他們對這個職業有太多美好的想像，牙醫可說是父母的夢想，孩子拒讀，他們實在無法接受。

為了讓孩子完成父母的願望，父母不停的說服孩子，要求他務必要堅持下去。為了表示自己理解孩子的困境，父母闡述許多自己過去讀書遇過的挫折，藉此想靠近孩子。但對話的目標始終在「說服孩子」回學校，洗腦孩子只有完成學校課業，才能真正明白牙醫是否真如他所感覺的無趣。像他這樣半途而廢，怎麼會明白個中滋味。

兒子聽從父母的建議，回學校繼續潛讀。半年之後，兒子覺得自己已經努力試過了，確定自己真的不喜歡牙醫，於是回家稟告父母，再次表達他是真的想休學。父母親仍舊無法接受，繼續說服、安撫兒子，請他再努力一陣子，也許下學期就會發現新奇有趣的事。

此後，兒子每半年就來向父母表達自己想休學的決心，父母也每半年勸說兒子再堅持一會兒。母親說，當時她的心情是，她好怕寒暑假的到來，因為每次一放假，兒子就回家表達要休學的決定。但是這麼好的科系怎麼能放棄？所以每學期母親只希望學校趕快開學，讓她趕快把兒子趕回去，母親甚至用各式各樣的藉口把兒子糊弄過去，只要兒子願意回學校就好。

就這樣，四年過去了。正當母親覺得一切就要熬過去時，學校寄來一張退學通知書，她才驚覺兒子瞞著父母蹺課，不去考試，盡一切力氣，只要能讓自己退學的事他都全力去做。最終，父母得到一張什麼都無法挽回的退學通知。

她和丈夫氣壞了，質問兒子，做這些事前，為什麼不跟他們商量？

兒子說：「我和你們商量過了，但沒人想聽啊，只會叫我回去讀書。但我不想一輩子被困在黑黑臭臭的黑洞（蛀牙）裡。你們都沒人想理解我，我只好用這種方法告訴你們我的決定。」

圖 2　核對三步驟

擷取「完整對話精神」裡的「聽」和「核」，
組成「核對」工具，運用於日常對話，就可處理大部分的生活對話問題。

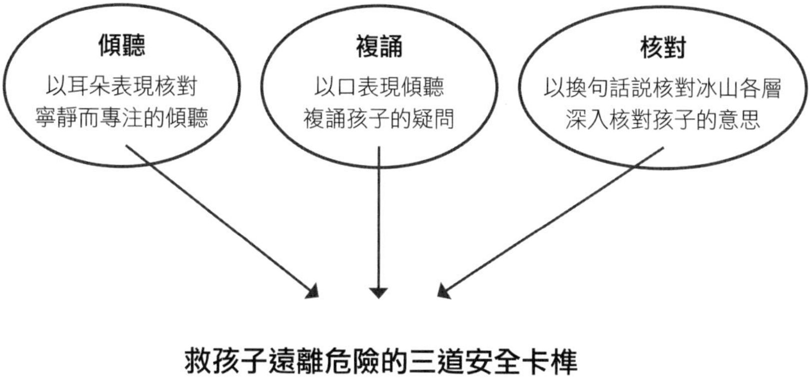

救孩子遠離危險

父母總是拒絕接受孩子發出的訊息，總希望孩子只要聽話照做就好，以致於孩子用行動做出激烈反應時，父母才震驚的責問孩子：「當初你怎麼不說呢？」

事實上，孩子事前已盡力對父母發出不只一次的求救訊號，但我們總是拒絕聆聽，拒絕核對孩子真正的內心世界，以致於錯過理解孩子的最佳時機。

如果能藉由名校孩子跳樓的事件，讓我們重新審視與孩子之間的關係，正視孩子可能已經走在危險邊緣的處境，這也許是名校孩子最渴望帶來的禮物。

我們經常聆聽孩子的聲音嗎？或者，我們同名校孩子的父母一樣，大部分時間忙於自己執著，對於孩子發出的求救訊號，已習慣忽略了？

從現在起開始聆聽孩子，一切為時不晚，在孩子與世界割捨，孤寂走上絕路之前，我們始終有機會扭轉孩子的決定。

2 核對優先 拋棄遇事就解決的慣性

問題，有時候是人製造或想像出來的。
別急著球來就打，先釐清故事，核對冰山各層訊息，問題才會明朗。

成為大人後，隨著生命愈豐富，就愈知道面臨困境時，該如何用最快的方式去解決，甚至抄捷徑去處理問題，這是時間愈來愈少的大人最聰明的選擇。

但是成為父母之後，過去學習到的「解決」觀念，剛好與最佳教養孩子的方式處處牴觸，愈想用方法去解決問題，愈是困難重重。「人」是擁有複雜情感的動物，愈想解決「人」，就愈不可能解決，因為人的情感是變動的，需要的是呵護、溫暖與信賴，禁不起指責、貶低與背棄。

因此面對孩子的問題，父母得明白最好的解決方式，就是把過去「遇到問題就想解決」的慣性放下，也放下自己的觀點，然後試著給孩子一些時間，傾聽孩子的想法，這才是面對親子衝突的唯一解決之道。

直拳教養下的孩子

大人過去養成的慣性，遇到問題就想要解決的直覺反射，充斥在親子相處的日常生活之中。

一日，我在一家小火鍋店用餐，鄰桌坐著母女三人。

鄰座兩個女兒年齡不過七八歲，吃飯時頗為規矩與安靜，始終端坐用餐。但媽媽不知何故非常焦躁，我在低頭用餐之餘，耳邊不時傳來媽媽怒氣聲。

媽媽說：「×××，我問最後一次，你到底要不要吃？」

我循聲抬起頭來看了媽媽一眼，媽媽筷子上夾著一片魚板，我扭頭看著年紀稍大的那個女兒反應。

大女兒不知道被什麼事情吸引，心思不在媽媽的問話上。

媽媽又說：「我再問最後一次，再不回答我，我就打下去了！×××這個你到底要不要吃？」

大女兒回神，似乎聽到媽媽最後通牒，趕緊對媽媽搖頭，表示不要吃。

媽媽沒好氣的轉身，對小女兒說：「那你咧？你要吃這個嗎？」

小女兒也對媽媽搖頭表示不吃。

魚板最後進了媽媽肚子裡，但媽媽臉色看起來非常憤怒，彷彿吃進去的不是食物，而是炸彈。

我見兩個女兒各自安靜的吃著碗裡的食物，想來她們已經習慣母親的脾氣了。

我繼續低頭吃自己的餐點。

沒多久，媽媽又怒吼了：「×××你到底有沒有在聽！」

我順聲再度抬頭，看到媽媽已經起身，奮力朝大女兒的大腿打了下去。

我回頭看看大女兒，一臉無奈的坐在椅子上，不為所動的低著頭吃飯。

媽媽說：「我已經跟你說過了，那是最後一次，你再不聽試試看，我就繼續打！」

不只大女兒，就連小女兒也好像沒發生任何事似的，對媽媽的憤怒充耳不聞，只是平靜的低頭繼續吃飯。

我這個旁觀者根本搞不清楚兩個女兒究竟是做什麼惡事，惹得母親這樣不快，非要動手打孩子？

在我看來，女孩乖得很，一直都安分文靜的坐在椅子上吃飯哪。整個吃飯過程，我都非常緊繃焦慮，因為耳邊不時傳來媽媽憤怒的聲音，而女兒們卻是一直安靜無聲，認分吃著自己碗裡的食物。

我相信這位母親，肯定有某個很重要的原因，才會對女兒這麼憤怒，只是我不知道那原因為何。但我一個不相關的旁觀者，頻頻聽見這位母親的怒氣，是如此焦慮緊繃，而那兩個處在母親情緒風暴下的孩子，卻異常的冷靜，究竟是經過怎樣的磨練與淬礪，才能打磨出這樣的孩子？她們的內心真如表面那樣淡然？內在有委屈嗎？有憤怒嗎？有悲傷嗎？

搜尋孩子目光裡的訊息

面對大人一而再，再而三的提醒，孩子又在想些什麼？為何總不把父母的話當一回事呢？大人弄不懂孩子，也沒時間弄懂，於是強壯的大人憑藉自己是比較有力量的那方，便以直拳蠻力迎面痛擊問題：對孩子說道理、責罵、打罰……等手段，一個又一個登上溝通的競技台，幻想藉此快速解決問題，卻忘記孩子成長過程需要大量的時間來學習。

隨著年齡增長，孩子在父母直拳教養的浸潤下長大，有一天他力量漸漸大過父母，將會以什麼樣的姿態來回應父母的直拳？可以想像，親子衝突是無法避免的。想要避開親子衝突，父母勢必得先拋棄過去球來就打的慣性，試著蹲下來，用孩子相同的高度，看看孩子目光裡隱藏的故事，別想去打擊孩子發出來的問題球。

問題，有時候是人製造出來的，但更多時候是人想像（認知）出來的。手足爭執，大的動手打小的，對父母而言，這就是問題。但這不是孩子的認知，這是父母的認知。對孩子而言，這是理所當然的進攻和防衛，是生存的本能。

父母想透過強制手段，讓孩子捨棄生存的本能，當然困難重重，因為這已不是親子關係，而是統治者與生存者間的搏鬥。

處理親子間的問題，最好的方法就是別急著去解決，因為在問題之前，還有許多謎團等著大人去釐清。

核對，可以幫助父母釐清故事，故事清楚了，核對的層次才能往下伸展，引導孩子進入覺察，確認自己爭的究竟是什麼，究竟是有意義的爭執，還是只是為吵而吵的意氣之爭。

當親子開始核對，以愛做為基石，彼此就能走上向對方延伸的橋梁，朝對方靠近，問題將不再是問題，爭執便消散於風中。

核對帶來覺知的力量

記得兩年前的一個夜晚，排行老三的弟弟一一突然玩起大姊三三的畫板，惹得三三不快，憤怒的把畫板扔到很遠的地方去，好讓一一拿不到，一一因此崩潰大哭。

我知道三三很愛惜東西，要她把畫板借給弟弟玩是不太可能的，但我仍舊好奇的問三三能否出借畫板。果然，三三一下子就拒絕了。

我接納姊姊的拒絕，也尊重她對物品的宰制權。

我看著一一哭泣的臉，用核對的方式問：「你很想玩畫板是嗎？」（**核對期待**）

一一點頭，哭得更悲傷了。

我思量弟弟的處境，於是說：「媽媽從來都沒幫你買過畫板，那下次媽媽也幫你買一個吧？」

這時老二川川也上前湊熱鬧說：「媽，幫我也買一個新畫板，我從來沒有買過像姊姊這樣大的畫板。」

我說：「這樣家裡畫板就太多了，你之前也買過畫板，確實不如姊姊的大，但買的時候，你是同意的呢。這樣吧，我買一個，弟弟如果願意，你和弟弟一起分享著玩，行嗎？」**（核對觀點）**

川川愉悅的點頭，答應和一一共享一個畫板，一一也點頭同意這個提議。

這時候，姊姊三三卻悲從中來的哭了。

我沒有視三三的情緒為問題，而是把它當作一個故事來看待。所以我好奇的問她怎麼了？

三三哭著說：「我也要新畫板。」

我猜測她可能因為感覺弟弟妹妹都有新畫板（即便是共用一個，但只有她不能用），她可能感覺自己一個人被摒棄在外，因此感到孤單吧。

我沒有回答「可以」，或者「不可以」，因為這兩個答案，都是為了解決問題而來的「封閉」答案。因此，為了爬梳更多三三眼淚裡的故事，我開始核對更多關於她哭泣的成因。

我道：「我之所以會答應弟弟妹妹買新畫板，是因為他們沒畫板，為了不讓他們來玩你的畫板，讓你生氣不快樂，我才決定幫他們買一個新畫板。現在你說你也要買

新畫板，你不是已經有一個畫板？我不明白你也要買新畫板的原因是什麼？你能告訴我嗎？」**（核對行為）**

三三悲傷哽咽的說：「因為弟弟妹妹從來都沒有先問過我的意思，就自己拿我的畫板去玩。」

我核對：「這和買新畫板的關係是什麼？」**（核對問題）**

三三：「因為他們都亂玩我的畫板，結果害我的畫板都不是新的了，所以我也要買新的。」

我點頭，恍然：「原來是這個原因，我有些懂了。你的畫板本來是新的，但是弟弟妹妹玩過以後，害你沒有新畫板了，而弟弟妹妹卻能有一個新畫板，你覺得不公平，是吧？」**（核對感受）**

因完全被理解，三三的淚水得到更多允許，奔流得更多了。

我再次核對三三的內在感受：「任何東西，新的總是比較令人開心。我能明白你想買新畫板的心情，換做是媽媽，媽媽也會想買新的，誰會想要舊的呢？面對弟弟妹妹可以買新的，只有自己不能買，你肯定會覺得很孤單吧。」

三三邊流淚邊拚命點著頭，她的眼淚未乾，便焦急的問我：「媽媽，所以我可以買新的嗎？」

我歪著頭，決定先不給三三答案，而是再次進入更深層的核對：「不是可以不可以的問題，我想先確認一下，你買了新畫板以後，舊畫板該怎麼辦？」**（核對觀點）**

三三用眼神和下巴示意，舊畫板可以給弟弟一一。

我笑了：「這倒是好辦法。不過我很好奇，你允許自己可以買新的，但弟弟卻得用舊的，你是怎麼想的？」**（核對觀點）**

三三說：「因為弟弟還小，他不知道新舊的差別，所以沒關係啦。」

我說：「哦！原來是這樣。那等他長大，知道新舊差別以後，他就可以要求買新的，是這樣嗎？」**（核對觀點）**

三三說：「到時候再說啦。」**（打岔）**

我沒有讓三三逃避，緊接著繼續核對：「那如果到時候弟弟真的要求買新的，而你們的畫板也已經變舊，你也能接受弟弟的是新的，而你們的是舊的，對嗎？」**（核對觀點）**

三三瞬間被我的提問給震懾住，低頭不語。

我繼續往深層探索：「到時候，弟弟買新畫板，你和妹妹都能堅持住自己的畫板，不會吵著要買新的，對嗎？」**（核對行為）**

三三陷入長長的沉思之中。

停頓了一些時光後，我一字一句緩慢的小心提問：「到時候，你現在擁有的舊畫板，要怎麼處理？丟掉嗎？」（**核對渴望**）

繞了一大圈，我的問題又回到了最初。

三三彷彿從大夢中突然驚醒，她猛烈搖頭：「不行，不能丟掉，它還好好的，還能畫，它沒做錯事，幹嘛把它丟掉。」

我複誦三三的感受並送出對她的欣賞：「三三很愛這個舊畫板呀！你是重感情的人，媽媽很欣賞你這樣珍惜東西，不管是新是舊。」（**核對與欣賞**）

我看著三三，小心翼翼的提問：「既然你這樣愛這個畫板，為什麼又非得要買新的呢？媽媽不是很明白，你能告訴我嗎？」

核對的問題與最初的問題一樣，但去時和來時的提問意義已大大不同。

三三恍若明白其中的道理，經過自己層層的思考之後，雀躍的問我：「媽，畫板可以洗嗎？」

我不理解意思：「洗畫板？」

三三：「對呀，洗畫板，你看，剛剛弟弟亂玩，這裡都有弟弟吃過東西黏黏的臭味，我想把它洗一洗。」

由於三三這個思緒來得太快，以致於我不明白這個思緒代表的意思是什麼。為了明白三三話中意思，因此我再次核對詢問：「洗完畫板以後呢？你打算怎麼對待這個舊畫板？」

三三的表情愉悅而開朗：「媽，我不買新畫板了。我只要這個舊畫板就好，新畫板讓弟弟妹妹去買吧。」

這是三三透過我層層的核對，掙脫自己原有的觀點（想買新畫板）後想到的辦法，並且願意帶著愉悅的心情去實踐這個方法。這就是在核對的脈絡下探索故事，三三爬梳情緒後，讓我們走向彼此，有了愛的後盾，三三自己就能以新的觀點去看待事物，而不執著於原來的堅持。

核對的路徑沒有一定標準答案，只要讓彼此都能重新釐清「故事」，那就是好的核對。透過核對，三三也能站在更高的位置看待剛剛的執著，發現自己想買新畫板的想法是自己的期望，但不是絕對必要。

了解到這一層，三三修正自己的想法，重新定義舊畫板的意義與價值。這樣的改變，比強悍的去壓迫她不能買新畫板，會來得更讓她心服口服，因為這是她透過大人的「核對」，自己對故事有了新的觀點，於是自己決定不再當個受害者，也有了新的處理方式。

這便是「核對」帶來的「覺知」的力量。

3 核對再核對 化解手足戰爭

面對手足爭執，反覆利用簡單的核對三步驟，理解孩子委屈，創造巨大的「陪伴」力量。

令眾父母感到頭痛的家庭問題，除了親子衝突外，就屬手足戰爭了。手足戰爭屢見不鮮，從手足產生那一刻起，就沒有停止的跡象，父母渴望在生活中找到片刻寧靜，已經變成遙不可及的夢想。

面對手足衝突，父母該如何處理，才能讓孩子心服口服？什麼樣的判決才是最好最公正的方法？

事實上，當父母愈想公正，就愈不公正，因為沒有一個判決，可以同時讓所有孩子滿意。因此父母愈想解決問題，就會發現愈解決，孩子愈依賴，也愈叛逆，於是發展出的行為，不是時時刻刻要求父母解決，就是分秒挑戰父母的極限，問題層出不窮，父母永遠無法休息，疲累充斥著日常的每一天。

究竟要怎麼處理手足戰爭？

「聆聽」是關鍵。

大部分手足發生爭執時，孩子要的不是父母的介入，而是父母的聆聽。唯有聆聽，父母才能理解孩子內在的委屈和難過的感受，父母只要靠近這份感受，孩子就有了支持，手足衝突就顯得微不足道了。

因此在面對手足衝突時，介入的大原則是，「只要與生命沒有牴觸，都是小事」，父母便不需要介入孩子的戰爭。若真的介入了，也不做裁決的法官，試著「讓問題跑一會兒」，讓自己停頓下來，藉此整頓紛亂的內在，以較好的狀態去面對紛爭。

哪家孩子不吵架？如果手足間的爭吵是無法避免的，父母何不調整看孩子爭執的目光，避免讓情緒被孩子的戰爭牽動，畢竟孩子間的吵架，也是活力的象徵。

一旦調整看待孩子衝突的「觀點」，內在就會多一份穩定，即便孩子來到父母面前尋求幫助，父母也能多一份優雅。

至於父母該如何介入手足衝突？只要反覆使用「核對三步驟」（參考103頁）。

核對三步驟：反覆傾聽、複誦、核對

一日，家裡兩姊妹不知道何故吵起來了。
姊妹爭執聲愈來愈大，最後妹妹幾乎崩潰尖叫著跑來找我。
我問妹妹川川：「怎麼了？」（**核對**）
川川：「姊姊打我，還把我的拖鞋踢走。」
我認真聆聽川川的哭訴，姊姊三三卻因我的認真而焦急了，她趕來想跟我解釋事情的前因後果。我對姊姊搖搖頭，請她等一等，讓我先好好聆聽完妹妹的悲傷，等等再回頭聽她說。
於是川川有了一段完全不被打擾的時間，好好將事情的緣由巨細靡遺說了一遍。
我聆聽得很認真，在川川述說的對白裡，以核對三步驟反覆傾聽、複誦、核對。
我：「你被姊姊推，鞋子也被踢遠了？」（**複誦**）
川川猛點頭。
我：「遇到這種事，你很難過吧？」（**核對感受**）
川川委屈難過的點頭，彷彿心事終於有人明白。

我：「你被姊姊推的地方，痛吧？」**（核對傷口）**

川川繼續點著頭。

我：「讓我看看你痛的地方在哪兒，有受傷沒有？」**（核對傷口）**

川川：「姊姊推的地方不痛，也沒受傷，是姊姊打我的地方比較痛，因為姊姊是用腳踢我，很痛。」**（傾聽）**

我：「姊姊用腳踢你？」**（複誦）**「讓我看看你被踢的地方。」**（核對傷口）**

川川捲起褲子，小腿肚果然呈現紅腫的樣貌。

我：「唉呀，腿都紅了，看起來很痛呀，難為你了。你一定沒想過會被姊姊又推又踢的吧，你應該不是故意要惹姊姊生氣，但姊姊就是對你生氣，還踢你，你一定感覺很委屈吧？」**（複誦＋核對感受）**

我幫川川點出了她心中的想法與委屈，她因此淚流不止的猛點著頭。

藉由我的核對，川川內在的委屈與憤怒，被輕輕碰觸而化解了。不多久，她就稍稍綻放了笑容。一旁的三三卻憂慮的看著我。

我說：「你看起來心情很不好，怎麼了？」**（核對感受）**

三三：「媽，我覺得我踢妹妹時並沒有很大力，我不知道她的腿為什麼會這麼

紅，我不是故意要踢她，是她自己站在那裡……」（**傾聽**）

我笑著看她：「你很緊張？很怕媽媽罵你？」（**核對觀點**）

三三點點頭。

我想三三會有這樣的反應，是因為川川在訴說的過程裡，我認真聆聽的舉動，讓三三感覺媽媽一旦相信妹妹的話，肯定會對她的看法產生偏頗，因而認定做錯事的是她，進而責罰她，是以她很緊張。

但是對我而言，妹妹有妹妹的觀點，姊姊也有姊姊的觀點，兩個人看待事物的觀點都是有道理的，沒有誰對誰錯的分別，我只是在孩子有情緒時，給予認真的傾聽，並且核對她們爭執的故事裡我聽不懂的地方。

我安慰道：「我沒有要罵你，你相信嗎？」（**核對觀點**）

三三遲疑了會兒，看著我的眼睛，彷彿想從我眼睛裡確認我說的話是否可信，許久之後，她才緩緩點頭，表達她願意相信我。

我：「謝謝你相信我。現在有比較不緊張了嗎？」

三三：「不緊張了。媽，我確實有推妹妹，也有踢妹妹，可是，這是有原因的。而且，我也被妹妹推了，你看，我這裡也紅紅的。」（**傾聽**）

因為沒有責罵，三三便有了勇氣陳述從她的觀點所看到的故事。

我：「是嗎？過來我看看，有受傷嗎？」（**核對傷口**）

我以行為（關心傷口）取代提問式的核對，藉由審視傷口的行動，對三三的傷口表達我的關心。

三三見我如此慎重其事，立刻修正自己的語言，道：「我被推的地方沒有受傷，只是我心裡受傷了。我跟妹妹一樣，心裡很委屈，所以我也想抱抱。」

我和三三幾句簡單對話（**核對**）之後，姊姊將身體的疼痛，轉為更準確的心理的孤單與受傷，如此一來，我也能更準確的關照她受傷的心靈，而不是在皮相的疼痛。

我伸出手臂，好好的擁抱三三一會兒，讓自己的內在沉潛於愛中，沒有其他懸念，專注於擁抱中。

許久之後，我才緩緩的問：「心情好一點了嗎？」

三三點頭笑了，我也笑了。

三三安頓好內在的孤單後，思緒轉動，她開始陳述起屬於姊姊版本的故事：「媽，妹妹好討厭喔，都擋在我前面，我都沒辦法過，所以我才推她的。」（**傾聽、**

破口出現）

我：「哦，所以你是要過去，才推妹妹讓你過，是嗎？」**（核對行為）**

三三：「對呀！她擋在那裡，我都過不去。」**（傾聽）**

我：「擋在那裡，你想過卻過不了，確實很困擾。」**（複誦）**

三三：「對啊，所以我才推她。我真的不想推她，但我又不得不推她。」（從三三的詮釋中可以看出，推妹妹是「不得已而為之」的行為）

我：「這樣呀。那麼你推妹妹之前，有記得先用嘴巴跟她說一聲你要過去嗎？」**（核對行為）**

三三愣住了，因為我的提問，讓她有機會走入自我的覺察。

三三：「……沒有。」

家庭有家庭的規範，仰賴父母界定，這是運轉一個家庭所必須具備的手段，因此當家中孩子越界，父母有責告知孩子家庭的規範。

我明確告知三三家中的規範：「動手推人不是好行為，也是我不允許的。但我相信你只是一時忘了家裡的規定，不是故意想推妹妹。」**（規範）**

三三低下頭，嘴巴蠕動，陷落在自己的思緒中。

我給了界線，也邀請三三為下一次做努力：「我們得練習用嘴巴說出請求，你下次願意試試看嗎？」**（核對期待）**

三三：「是可以啦，可是如果妹妹不聽怎麼辦？」

我聳肩：「我也不知道你如果用說的，妹妹會不會聽。但我認為用推的，容易讓人不舒服，你也不想妹妹不舒服吧？因為她被你推了不舒服，可能就會學你的動作，也推你一下，讓你也不舒服，這應該不是你想要的吧？」**（核對觀點）**

三三：「嗯，不是我想要的。」

我：「既然不是，我們還是得用好的方式對待妹妹，是吧？」**（核對行為）**

三三：「是。」

三三動手推人的行為，我們透過來回的核對，達成協議，過程中沒有責罵，因此我始終貼近孩子，兩人都沒離開彼此。

我想起妹妹的拖鞋還在遠方：「那個拖鞋，我知道那個拖鞋擋住你的路，所以你才把它踢得很遠。不過踢拖鞋，和拖鞋擋住你的路，是兩件事，你可以請妹妹把拖鞋放好，不需要踢走她的拖鞋，因為那會使妹妹不開心，讓妹妹不開心的動作，你剛剛說過那不是你想要的。」

三三思索了一會兒，回道：「嗯。因為妹妹會不開心，以後也會學我的動作，踢我的東西，我不希望她這樣。媽媽，我知道了，拖鞋我會幫妹妹撿回來，下一次我也會記得用說的，請妹妹把拖鞋拿走。」**（自我覺察）**

愛一直跟在三三左右，因此對話過程，三三既抒發了自己的委屈，又得到媽媽的理解與支持，才能快速進入覺察的層次。原本姊妹爭吵的問題，姊姊也能自己想到處理的辦法，不再是艱困的問題。

面對手足爭執，反覆利用簡單的核對三步驟：傾聽、複誦、核對冰山各層，就能創造出巨大的「陪伴」力量。

孩子要的，不是父母為他們主持正義，他們渴望的是父母的信賴與真誠的陪伴，因為唯有真誠的陪伴，才能讓孩子得到愛。

4 核對的脈絡 以貼近孩子為導向

聚焦在「事件」上的對話，較容易讓親子關係升級為「戰爭」，若是以「關心孩子」為對話目標，就能建立起溝通的橋梁。

在核對的脈絡裡，能夠使用的句子沒有上萬也有成千，因此對話只要是以「貼近」孩子為導向，而不是以「事件」為導向，大抵都會是好的對話路徑。

什麼是以貼近孩子為導向的對話？什麼又是以事件為導向的對話？

舉個簡單的例子，當一個孩子跑步跌倒了，若以貼近孩子為導向的話語，父母會說出口的是：「還好嗎？有沒有受傷？」（**關注孩子**）

若是以事件為導向的對話，父母說出口的關心便會成為：「你看你，早就叫你要慢慢走，你不聽，現在跌倒了吧，活該！」（**關注事件**）

兩種對話，差別在於關注的事物不同，說出來的話語方向與感受也就大不相同。生活中，處處可見以「事件」為導向的親子對話，但話語是活的，只要將「關心事件的話語」停頓三秒，轉個彎「換句話說」，以「關心孩子」為對話目標，親子間的情感也就能一點一滴建立起溝通的橋梁。

以「事件」為導向的親子對話

每日早晨，從喚孩子起床、吃早點，然後送孩子準時上學這段時間，是我最忙碌的時刻。

一日，我叫喚孩子起床，但幾分鐘過去還不見老大三三走出房門。為了讓所有事物都能流暢起來，我請先生再喚一次。

先生去叫喚前，我不知道三三其實已經起床。當然，先生也不知道，因此他扯著嗓門吼叫了一次，三三登時覺得自己被誤解了，情緒瞬間湧上來，立刻以情緒回擊：「我已經起床了啊，你還叫！」

通常孩子這樣回應，父母會立刻罵回去，而且會針對孩子的「態度」，在「事件」上回擊：「你這什麼態度！叫你起床有錯嗎？你既然起床了為什麼沒出來？我們當然覺得你還在睡，誰叫你不出來吃早餐！」

這便是聚焦在「事件」上的對話，戰爭可想而知是免不了。

雖然先生遭到孩子責罵，氣得也想立刻罵回去，不過還好最後忍住了，沒有以情緒回擊，也沒有以「事件」責罵，就沒有釀成家庭傷害。

戰火雖然止住了，但父女兩人的怒火仍高張，彼此都在情緒上，誰都沒辦法開口跟彼此說話。

以「關懷孩子」為對話目標

我見狀，立刻介入戰火，希望能貼近三三，藉此宣洩她憤怒的感受。

我開口詢問三三：「怎麼了，怎麼這麼生氣？」**（核對感受）**

三三氣急敗壞的向我解釋，她覺得自己被爸爸誤解了，她明明已經很努力的起床了，爸爸不但不知道，還大聲叫她起床，根本就是來罵她的，害她嚇了一跳。而原本放在床上的東西又莫名掉在地上，種種情緒加起來，讓她非常生氣。**（傾聽）**

聽完三三的解釋，我做進一步核對：「所以你的意思是，你之所以生氣，是因為爸爸叫你起床太大聲，讓你感覺自己挨罵了，而且你明明已經起床，爸爸還誤會你沒起床，所以你才這麼生氣，是嗎？」**（複誦＋核對感受）**

三三：「對！爸爸誤會我了，又叫得很大聲，所以我非常生氣。」**（傾聽）**

第一次的核對，我依例使用了傾聽與複誦的工具，很快的貼近孩子，讓孩子先被傾聽了，內在委屈的感受也就能輕輕得到安撫。

核對之後，孩子的感受雖然被貼近了，但三三並未因此進入自我覺察的層次。因此第二層次的核對，仍舊以好奇的姿態，讓孩子啟動覺察。事件中，我也會有自己的觀點，也會對故事產生困惑。為了釐清，我將我的問題拋向孩子。

我道：「我知道你很生氣，但是我有個困惑，爸爸之所以會去叫你，是因為媽媽叫了你之後，沒看到你走出房門。媽媽很怕你還在睡，所以才趕緊讓爸爸去叫你。如果你已經起床，為什麼不出來刷牙洗臉呢？」**（核對事件）**

三三臉色尷尬，努力辯解：「我沒有走出來，不代表我沒起床，爸爸大聲叫我是事實，他可以看一下我是不是已經起床，再決定要不要叫我呀！我很討厭爸爸用這樣的方式叫我，而且我的東西又掉了，我就更生氣了。」**（傾聽）**

三三情緒湧動，我接納孩子的情緒，但我依然困惑，我問：「你的意思是，爸爸

把你的東西弄掉了？」（**核對事件**）

三三愣了一下，發現自己表達有誤，於是修正自己的話語：「東西是自己莫名其妙掉的，跟爸爸沒關係。但是東西掉了我已經很不開心，再加上爸爸又這樣叫我，所以我就更生氣了。」（**傾聽**）

啟動孩子的覺察力

透過核對，啟動了三三細微的覺察。她明確辨別出自己有兩個情緒在內在匯流，為了讓她的覺察能更深化，我加重語言的力道：「三三呀！你這麼努力起床，媽媽很高興也很感動，謝謝你呀（此處用到「聽核心」的欣賞，增加孩子自我價值）。但是媽媽覺得很對不起爸爸，因為是媽媽請爸爸去叫你們，結果卻害爸爸被罵，連不是爸爸弄掉的東西，也要責怪爸爸，我感覺這對爸爸很不公平呢。」（**敘述故事**）

三三聽完，小小沉默了。

許久後三三點著頭道：「東西掉了，確實不能怪爸爸，那不是爸爸的錯，等一下我會跟爸爸道歉。但爸爸的叫聲確實嚇到我，他也誤會我了。」（**傾聽**）

我欣慰的面露笑容：「謝謝你願意修正自己誤會爸爸的部分，我想爸爸也會樂於修正對你的誤會。三三，你知道嗎，媽媽沒看到你們起床的身影，就會很著急，因為媽媽早上還得去工作，必須準時出門。媽媽很希望能跟你和妹妹一起出門，讓我送你們去上學。雖然萬一來不及，媽媽得先出門工作，爸爸也會帶你們去上學，但前幾次的經驗告訴我，你比較喜歡跟我一起出門，是吧？」（**核對期待**）

三三朝我點著頭。

我誠懇而緩慢的說：「媽媽也好希望你能和我一起出門，讓媽媽送你去上學，因為媽媽不要你孤單！」（**敘述渴望**）

孤單，是我在孩提時經常出現的感受。

我的父母早年離異，母親離家，父親隻身養育四個孩子，生活裡絲毫不輕鬆。永遠的忙碌，只為賺錢拉拔孩子長大，沒有半點時間為孩子停留，更別說去理解孩子了。因此在童年時光中，充斥著孤單與寂寞的感受，沒有人在乎我的想法，甚至沒有人在乎我的存在，彷彿我的存在可有可無，一點都不重要。

因擁有這樣的成長經驗，所以我想像，任何孩子被拋下，再怎麼有心理準備，肯定都會不好受吧。因此我也是如此想像著三三，在上學的早晨，動作不如母親快速，而被母親拋下的心情，肯定也是孤單的吧。

耐心核對帶來的層層影響力

三三面對我碰觸「孤單」的對話，眼眶紅了，姿態也顯得柔軟許多。

她點著頭：「媽媽，今天雖然爸爸的聲音嚇到我了，但我也有錯，我雖然起床了，但其實還在賴床，以後我起床會走出來讓你們知道，因為我想跟你一起出門。」

（自我覺察）

我撫摸三三的背，謝謝她的決定，感謝她覺察後的美好。

三三緩了緩情緒後，也旋即跑到爸爸跟前，跟爸爸撒嬌的說了「對不起」，同時也跟爸爸說：「我被你的叫聲嚇到，感覺自己被誤會了，所以才對你生氣，我不是故意的，請原諒我。」

我在一旁聽了，也順勢回應先生的情緒：「我也要跟你道歉，是我請你去叫三三，卻讓你因此被責罵，害你受委屈了，對不起。」

先生因三三的道歉，以及我語言上的貼近，瞬間的情緒就化為無形，立刻說：「沒關係啦，我應該的。下次我會走進去看一下三三是不是有起床，如果已經起床，我就不會再用這麼大的聲音叫了。」

我和三三的貼近，使爸爸變得柔軟，層層影響、環環相扣，家庭氣氛又恢復融洽。

按照過往，我還未熟悉以「核對」來貼近孩子時，三三的情緒只要一上來，就很難消解，她會在情緒裡沉溺很久，而我愈想讓她擺脫情緒，我所用的對話，就愈「說教」，她的情緒就愈不可能緩解。最後母女倆得到的就是撕裂的戰爭，誰也不讓誰。

現下，我關心的不再是「事件」，如：既然起床了幹嘛不趕快出房門，沒出房門面對爸爸叫喚，有什麼資格生氣？這是什麼態度？我關心的是「孩子」的感受，如：不想你孤單，想跟你一起出門。

在核對的脈絡裡，貼近孩子的內在，既告知孩子家庭的規範（起床上學的速度跟不上媽媽，媽媽會先離開，由爸爸接手送孩子上學），也啟動孩子的自我覺察（東西掉了的壞情緒，與被爸爸誤會的壞情緒，不能混為一談），更連結了她的渴望（不想被媽媽拋棄，希望媽媽的愛），這便是好的對話路徑。

先生也在核對的系統下受惠，在他情緒升起的當下，孩子主動道歉，我也送出了貼近先生感受的語言，愛便在家庭裡流動，凝聚了彼此。

5 無礙的溝通　挪動孩子的感受位置

溝通出現障礙時，試著挪動孩子的位置，甚至挪動自己的位置，讓彼此都能同理對方，取得一個有接納有體諒的平衡，才是有效溝通。

大人總說，孩子不懂事，很多道理大人該說的都說了，但孩子就是聽不進去，而且愈說，孩子的情緒反彈就愈大。

該怎麼和孩子溝通，孩子才能聽明白大人的意思？

在與孩子溝通之前，先讓我們暫停在「溝通」這個詞句一會兒。

何謂「溝通」？我們是否對「溝通」有完整的了解？溝通真正的意思是什麼？

且讓我們想像一條渠道（管道、水溝），裡面沒有任何障礙物阻礙，當水灌入渠道時，是可以「自由」流動，「來」和「去」，都能恣意流淌，這就叫「溝」「通」。

這是什麼意思？

如果大人所謂的「溝通」，只是想叫孩子「聽話」，這不是溝通，因為此時的水無法自由來去，只能流向單一方向，這叫「強迫」。

真正的溝通是，大人說的話，孩子聽進去了（水流過去）；孩子說的話，大人也聽明白了（水流過來），這才叫「溝通」。

既然明白溝通真正的意思了，那麼和孩子溝通時，我們應當能體會，孩子的話（水）要流向大人的耳朵裡就相對重要了，這才是溝通的關鍵。

明白這層意思，便能更明白「傾聽」是為何意了。有了傾聽，才能往下做出核對。在核對中，還有一個容易上手的工具，名叫「挪動觀點」，但此工具容易被濫用，因此下方我先展現得宜的用法，文末再點出會被濫用的語句。

佇立天涯兩端的觀點

一日睡前，有氣喘病史的老大三三生病了，雖然已經吃藥了，但仍舊咳得嚴重，也喘得厲害。

睡不安穩的三三向我發出求助訊號。

三三：「媽媽，你能抱著我睡嗎？」

我：「當然可以。」

我伸開雙臂，想要給三三安穩的擁抱，但三三搖頭了。

三三：「我要你坐著抱我，我要坐著睡，因為躺著我會一直咳嗽。」

我點點頭，立刻坐直身子，將三三抱在我盤坐著的腿上，讓她靠在我的胸膛前，坐著睡覺。

沒多久，妹妹川川抗議了。

川川：「媽媽，為什麼你可以抱著姊姊，我也要抱抱。」

此時妹妹也發出渴望愛的訊息，但我當時沒有覺察，因此僅以自己以為的真理（理智）來回應。

我解釋：「姊姊生病了，她很不舒服，所以我抱著她，讓她睡一會兒。」

川川眼眶泛紅：「媽媽你不愛我了，我也想要抱抱！」

川川將被媽媽抱著，視為「被愛」，我沒有深刻的覺察，仍舊僅以現實層面的理智，想勸服川川接受我的安排。

我：「我很愛你，但是媽媽現在不能抱你，因為姊姊咳嗽很嚴重，所以媽媽得抱著她睡……」

川川：「媽媽，我身體也不舒服，咳咳（假咳），我也要抱抱。」

我在對話中始終沒有連結川川愛的渴望，爭執眼看就要無法避免，溝通無效。

讓我們先在這裡暫停一小會兒。

檢視一下，這段對話裡，大人的觀點與期待是什麼？孩子的觀點與期待又是什麼？

大人觀點

1. 大人只有一個人，所以擁抱也只有一個，因此這個擁抱，父母自然會希望可以幫助比較需要的（生病）孩子。
2. 對於沒生病的孩子，大人也抱持著期待，期望沒生病的孩子要乖，要懂事，要體諒大人，要理解大人的行為背後，都有其原因。

孩子觀點

1. 姊姊被媽媽抱著睡，自己卻必須一個人躺著，我也期待媽媽能抱一抱我，這樣的抱，會讓我感覺我是重要的、我是被愛的。

2. 媽媽抱著姊姊，拒絕抱我，媽媽偏心，媽媽只愛姊姊，不愛我。
3. 渴望被愛。

我和川川，各佇在溝渠的天涯兩端。我的理性（道理）流不過去，她的期望（渴望愛）流不過來，這是一個最佳的「錯誤溝通」示範。該如何把溝渠裡頭的障礙物疏通，把我的感受說出來讓川川聽得懂？而川川渴望被愛的期盼也能被滿足？

只要覺察夠敏銳，透過層層的核對，試著挪動一下孩子的位置，我與川川的期望，便會暢流無阻的朝對方奔流而去。

挪動彼此的位置

以下示範如何在對話中挪動川川的位置（立場），讓川川改變觀點。

我：「川川有看到姊姊在生病嗎？」（**核對事件**）

川川：「有。」

我：「川川看姊姊生病，你覺得她是很舒服還是很不舒服？」**（核對觀點）**

川川：「我覺得姊姊很不舒服。」

我：「川川想幫生病的姊姊嗎？想讓姊姊舒服一點嗎？」**（核對期待）**

川川：「好啊！要怎麼幫姊姊？」

我：「姊姊希望媽媽抱著她睡，你覺得要怎樣幫姊姊比較好？」**（核對觀點）**

我試著將自己的問題，拋給川川，讓川川自己去思考，試著將她挪動到我的位置來看待事情。

川川非常認真的思考了一會兒，跟我說：「媽媽抱姊姊沒問題，我可以幫忙。媽媽，你抱完姊姊，也可以抱抱我嗎？我也想要你抱抱！」

我挪動了川川的位置，讓她從原本只是索討愛的立場，挪動到一起照顧姊姊的崗位上，因為觀看的角度不同，川川看事物的角度也跟著改變，而川川的改變，讓她的姿態也跟著變柔軟，因此在面對她的期望，我也顯得柔軟，很自然的允諾，等姊姊睡著，我會抱她一會兒。

彼此的話語都通行無阻的傳遞給對方了，彼此都調整處理的方法，適時的化解了原本「溝通障礙」引起的「對峙」的窘況，這便是真正的「溝通」。

有時候，大人的溝通，只是強迫孩子乖乖聽話，孩子自然會反彈。如何在溝通有障礙時，試著挪動孩子的位置，甚至，挪動自己的位置，讓彼此都能同理對方感受，取得一個有來有往，有聽有說，有接納有體諒的過程，才是最重要的。

然而「挪動位置」在對話時，需注意語態、姿態的誠懇，也要避免直接將問題丟給孩子，如：「你說呢？」「你覺得呢？」這樣的對話過於簡單，也過於刻意，孩子會因父母太過頻繁的回問，而顯得不耐，因此「挪動位置」在使用上，仍然需要建立在良善的親子關係上，愛是永恆的基礎。

6 欣賞 從負向行為到正向價值

核對，幫助我們釐清問題，
而欣賞，能帶給我們力量，幫助我們成為有價值的人。

欣賞，在「聽核心」脈絡中，是緊接在核對之後，標能否射向靶心的重要助攻利器，也是對話結束前，最重要的臨門一腳。欣賞是帶給人價值與自信的重要來源，因此在對話裡帶入欣賞，能使孩子以更堅實的姿態，茁壯成長。

核對與欣賞，如何交錯使用？

我以家庭對話實例做為說明。

難解的表兄妹矛盾

今年，孩子們的表哥到我們家過暑假。表哥來了之後，兩姊妹熱烈歡迎，和表哥開心玩樂，每天都熬夜聊天，樂不可支。

但美好的關係維持不到三天！老大三三不知何故開始遠離表哥，原本車子裡的座位，排序是表哥坐中間，兩姊妹坐兩旁。但第三天起關係微妙變化，三三要求妹妹川川坐中間，從此和表哥分道揚鑣。

表哥和三三的衝突，是暗地裡進行，表面看起來和諧無事，但我的神經敏感，明白有什麼不對勁，卻苦無協助的縫隙（**破口**），只能繼續以耐心，陪伴孩子日常，也更細心帶領表哥。

雖然我曾多次向三三表明心意，希望她改善氛圍，與表哥友善相處，度過剩餘的時光，但三三卻仍然獨斷獨行，兩人的關係毫無進展，沒有善果。

看著表兄妹的關係日漸惡化，我感覺棘手極了，這遠比手足衝突更複雜。因為，一面是自己的孩子，一面是自己的姪子，即使我已是個饒富經驗、善於處理孩子衝突的媽媽，但表兄妹的關係、姑姑與媽媽角色的變化，在拿捏之間，瞬覺困難重重，彷佛落入後母的為難。

表兄妹的疏離關係一直如芒刺，梗在幾個孩子之間，逐漸漫淹擴散，連帶川川都受到姊姊影響，開始疏離表哥。

三三、川川、表哥彼此都不說，但真相如鏡，映照彼此內心。如此的日子過了兩週，眼看隔日表哥就要回到父母身邊，關係卻一直僵滯。

大人主動創造破口

表哥的爸爸（我的二哥）與我通話時，關心孩子們的關係，詢問是否破冰？身為姑姑的我，只能傻笑，闡述孩子各自有原則與堅持，隨他們去吧！但，事實是，身為母親、身為姑姑，看孩子如此，我也不忍心讓他們帶著這樣的關係離開彼此。

因此，趁著表哥離去前一天，我把握午後開車載著幾個孩子的零碎時光。既然在這段關係裡，我沒有找到破口，我決定由我開口，做為對話的破口。

我大膽的對話，仍舊以核對為脈絡，拆解表兄妹之間埋藏的地雷。

我第一句話便開宗明義，向三三表明我的困惑。

我：「三三，我想知道，從哪一天，哪一刻，表哥做了什麼？你決定不再和表哥同玩？甚至連對話都不願意？」（**核對事件**）

三三扭捏，小聲告訴我，等旁邊沒人了再跟我說。（**打岔**）

我核對了三三的感受，明白她有著尷尬。雖然理解三三的尷尬，但我沒有給她逃避焦點的餘地。我說：「我想不只我，連表哥此刻一定也很想知道原因。媽媽要邀請你大膽說出你對表哥感到不舒服的地方，這樣表哥才有機會知道問題在哪裡。」

三三一開始很猶豫，但是我耐心的等著，兩分鐘之後，三三才緩慢的訴說著她遭遇的關卡。

三三說，她不喜歡表哥搞笑。

三三說，她不喜歡表哥以她的名字來嬉鬧。

三三又說，她不喜歡睡覺時表哥拿腳貼在她的臉上。

我邀請三三大膽的、直接的，向表哥說明她這些不舒服。

三三轉頭，向表哥闡述了她的不喜歡。

說完後，我核對表哥，此刻他的感覺是什麼？（**核對感受**）

表哥點頭說，他現在終於能明白三三的想法了，他可以接受，內心也沒有什麼不好的感覺。

我讚賞了表哥的氣度與開闊**（欣賞）**，也邀請表哥說說他對兩個妹妹，在這兩週的相處裡，有沒有什麼不喜歡的地方？

表哥於是向三三川川訴說，他不喜歡被妹妹們管他坐地板的事。他覺得坐在地板上玩耍或穿鞋子，是很自然的事，他不需要妹妹們提醒他，因為提醒他的方式，會讓他覺得自己被管束，很沒面子。**（敘述故事）**

以欣賞的話語做結

表兄妹針對此事，來回核對又說明一陣，雙方終於釐清彼此的想法了。

對話最後，我以欣賞做結，邀請三三對表哥講述兩個欣賞。

三三大方說：「第一個是，我覺得表哥背詩的能力超厲害。他第一天來家裡，就開始背那首〈定風波〉（表哥的暑假作業），我都不會背，就算讓我背十天，我也背不起來。現在表哥又背了〈念奴嬌〉，我覺得他真的很會背詩，太厲害了。

「第二個是，上次我們去溜冰場溜冰，要離開時，我的腳受傷了，所以我就去醫務室包紮傷口。媽媽都沒等我，但是表哥一直在旁邊陪我，還跟我說：沒關係，慢慢來，我等你。這件事讓我很感動。」

聽著三三的欣賞，我回頭看表哥一眼，看見表哥眼裡有靦腆的笑和感動的眼淚。我也邀請表哥向兩個妹妹表達欣賞。

表哥說：「第一個是，川川都會陪我玩，還分享很多玩具給我，我很感動。第二個是，我知道三三其實對我很好，第一天來的時候，她就給我兩包羊奶片，一包叫我給妹妹，一包是送我的，我覺得她對我很好。」

表哥說的這段欣賞，讓我睜大眼睛，因為這是我不知道的事，也是孩子間的祕密。如今從表哥嘴裡說出，讓我為三三的細緻與溫柔所感動。

聽著表哥的欣賞，我瞬時明白，表哥亦是個心地柔軟之人，用心看待每個對他的善舉，認真看見每個人舉措中的細節。

和孩子們核對完關係中的芒刺後，表兄妹的關係立刻和諧了，彼此融洽，有說有笑相玩一起。

晚上，三三偷偷跑來我身邊，在我旁邊耳語。

三三：「媽媽，我覺得欣賞好神奇，我欣賞完表哥後，我們就能很開心的在一起玩了耶！」

是的，每個人身上都有他自己的資源。日常生活中，我們習慣看到他人的缺點，卻忽略看見他人的資源。核對，幫助我們釐清問題；而欣賞，能幫助我們擦亮彼此的關係。這是處理關係衝突時，兩項重要的寶物！

7 一致性表達 保持內在平穩，與愛同行

把內在感受，以平穩、如實誠懇的姿態說出來，
內與外都一致了，表達出來的語言，自然就一致了。

家族治療大師薩提爾女士將人的應對溝通模式，歸納出五種方式，而最利於「溝通」的姿態，便是一致性的應對姿態。

將一致性溝通姿態，放在這一單元的最後一篇，並不是因為這個溝通姿態是在對話裡最後才用上的工具；相反的，一致性溝通姿態，是在溝通前就須具備的基礎，也就是保持內在的平穩與安定，才能展現最好的一致性狀態。

何謂一致性表達？表面寓意不難理解，但想要做到一致性的表達，需要具備內外雙修的能力，對內既理解自己，對外也願意傾聽他人，這也是對話開始的前置工作。

然而，要如何才能做到一致性的表達？

一致性的表達，用一句話來表示，就是：把內在感受，以平穩、誠懇的姿態如實說出來，內與外都一致了，表達出來的語言，自然就一致了。

但，最困難的並不是表達，最困難的是，大部分的人，壓根不知道自己想要什麼，總是被情緒給宰制，說出來的話也成了傷害。一致性很困難，也因此一致性的表達，會放在本單元的最後來談，也是這個原因。

心口不一

何謂被情緒宰制？何謂一致性表達？用個簡單的例子便可立即明瞭。

比如，丈夫在外應酬遲遲不歸，太太在家苦苦守候，好不容易丈夫終於回來了，太太脫口而出的話，卻是：「你還知道要回來啊！」

這樣的一句話，是太太最想要表達的嗎？

這是一句可能包含了焦急、不安、憤怒等情緒的話語，和心裡最底層的訊息：「我想要丈夫趕快回來」相差甚遠。可以想見，原始訊息被情緒影響過後，就會背離最初的意思，進而以一種傷害性的情緒語言來表達。

若將同樣一句話，以「一致性」的姿態表達，便會是：「你今天比較晚回來，有發生什麼事嗎？我很擔心你，看到你回來我就放心了。」或者「你比我們約定的時間還晚回來，我其實有些生氣，你能告訴我晚回來的原因嗎？因為我很擔心你。」

一致性的表達，最困難的不在於開口表達，而在於大多數人壓根搞不清楚內心底層真正的「我訊息」究竟是什麼。

能否澄澈理解自己的「我訊息」，成了人與人、親與子、夫與妻、上司與下屬的功課，誰能充分理解「我訊息」，誰就能在關係中取得較好的溝通姿態。

你不愛我

在生活中，一致性的表達是如何進行與運用？

二女兒川川五歲時，我歷經過這麼一段故事。

當時，我帶著川川和大女兒三三準備開車出門。

在車庫帶她們上車前，我慣例會先打開車門，讓坐在深處的川川先上車，再讓三三上車。就在川川上車後，一旁的三三還來不及上車，就不小心被東西絆倒，雙膝當下撲通跪地，聲音清脆，看來摔得不輕。

三三吃痛，眼淚和哭聲立刻飆出來。

我趕緊上前給予關懷與安慰，並以行為做出「核對」，仔細檢查膝蓋上的傷口。

這時，本來已經上車的川川突然下車，不快的大喊：「車子好熱。」

我本能的應了聲：「好，等等就開冷氣。」

川川見我仍舊低著頭，幫姊姊檢查傷勢，直覺我不重視她，她的情緒立刻湧上來了，語氣憤怒的對我嚷嚷：「我已經說好熱了，你都沒理我，你一直理姊姊，你比較愛姊姊，你不愛我，都不愛我！」

面對這個指控，我自然覺得委屈，怎麼就幫姊姊看一下傷口，對她就是不公平，不愛她了呢？我的感受一下子也湧上來了，但是我沒有讓委屈的感受操控我，我只是明白我有著委屈，並且接納了我是可以委屈的，於是委屈就沉潛了。

我手腳俐落的進車開冷氣，車內立刻涼爽起來。然而此刻再怎麼涼快，都已澆不息川川的憤怒。冷氣筆直撲面，川川卻直說太慢了，來不及了。

川川像伴唱帶跳針那樣，不停的抗議我對待不公，指責我只愛姊姊不愛她。

於我而言，川川是蠻橫無理的，在她無情的指責下，我感覺到自己的煩躁，煩躁底下，牽動小時候我對父親的抗議情緒。

懸而未決的情緒記憶

過往，我也這樣指責父親。

在我的認知裡，父親重男輕女，是個諸多偏心的爸爸。對於這樣一個爸爸，我從很小的時候就下定決心，長大以後，我一定要做個絕對公平的大人。然而物換星移，一直覺得自己非常公平的我，卻依然淪為被女兒指控是個「不公平」的大人。

孩子如此指責，我要面對的不只是孩子的憤怒，還有我過去懸而未決的情緒記憶。這就是大人想要一致性卻困難重重的原因了。因為我們不只要面對孩子的情緒，還要面對過去的傷痕。存在於心底的陰影，因為川川的指責，全都被召喚回來了。瞬間，我內在當然湧起許多對父親不諒解的記憶與情緒。

當大人的情緒出現，想要做一致性的表達，甚是艱難，因為一旦有情緒，說出口的話自然也會是情緒上的氣話。

想在情緒高張的時候平穩情緒，得先與自己同在，並且對自己送出欣賞，欣賞自己是個努力的媽媽。如果可能，以堅定的口吻，肯定自己是個有價值的母親，不因孩子的情緒而影響自己的價值。

唯有安頓好自己，我才可能看清川川情緒底下真正想表達的訊息。

平穩內在後，川川的指責，不再是傷害，情緒也不再跟著起波瀾。因為我的價值，不會因她的批評而降低。

撥開川川的情緒，我看見在川川憤怒下隱藏的真正訊息，她不過就是個「渴望母親的愛」的孩子呀。

想要得到媽媽的愛與重視，卻因沒有學過好的表達方式，只好用哭鬧與指責來說出口，這不是孩子的錯，相反的，這是本能。

讓愛與孩子同行

面對川川跳針式的不理性抗議，要如何回應她底層的渴望？

1. 跟她辯解我也有愛她？我的愛表現在買衣服、陪遊玩、買玩具的行為上？
2. 用權威壓迫她承認媽媽也是愛她的？

不，當然不，我無須為我的愛辯解和壓迫，我為我的愛負責。如果我送出去的愛，川川沒有收到，誰最該負起責任？是的，那是我的責任。

當下，我只想知道，川川是何時開始沒收到愛，是現在，還是從很早以前就開始，我卻沒察覺？

我對川川送出核對：「你從什麼時候開始覺得媽媽不愛你？」

川川：「從我出生開始，就覺得你不愛我。」

我再次核對：「媽媽做了什麼，讓你覺得你不被愛？」

川川：「每次我叫你抱我，你都說我長大了，抱不動了，但是上次姊姊生病時叫你抱抱，你就抱姊姊了，不公平！」

川川的答案讓我啞然失笑，原來她內在隱藏著這些祕密，而我卻以為事件早已被時間解決，問題自然也被風吹散了。

核對，讓我更靠近孩子，清楚理解明瞭孩子的內在與困境，我心疼孩子的處境，川川是老二，自有她的困境。

我不用跟孩子解釋我是否愛她，因為答案是肯定的。我很愛她，所以我只需要向她表達愛，讓愛與孩子同行，而不是以愛勒索孩子。

我對川川說：「川川，也許媽媽做得不夠好，讓你感覺不到媽媽是愛你的，媽媽很抱歉。但是，請你相信媽媽，媽媽是真的非常、非常的愛你，以後媽媽也會繼續愛你。我愛你，川川。」

說完這些話，川川不再跳針吵鬧，不再情緒勒索了。她的情緒，被我的愛輕輕撫慰了，也溫暖了。她卸下防備，沉浸在愛裡。

我很愛我的孩子，因此如何澄澈自己的內在，既不被孩子以及自己的情緒綁架，又能平穩的把我的愛傳遞出去，讓孩子如實接收，這便是一致性表達最困難的地方。

然而，一旦能越過這個困難，一致性的表達，是溝通時最好的境界，親子才有可能與愛同行，彼此相互連結成為宇宙。

實作練習2

從負向行為到正向價值

一、根據「聽核心」精神裡「核」的層次，依照下列情境，以「複誦」或「換句話說」兩種小工具，應對出適當的「核對」語句。

示範

情境／你不讓我玩，我討厭你，我不愛你！

複誦：因為我不讓你玩，所以你不想再愛我了，是嗎？

換句話說：你的意思是，你還是愛我的，只是因為我不讓你玩，讓你感覺很生氣，是這樣嗎？

五種情境練習

情境1／我不想吃飯。

複誦：你不想吃飯？

換句話說：你的意思是，現在肚子不餓，所以不想吃？

情境2／這個遊樂園不好玩。

複誦：

換句話說：

情境3／姊姊都跟別人玩，我不開心。

複誦：

換句話說：

情境4／我害怕考試。

複誦：

換句話說：

情境5／我不喜歡老師。

複誦：

換句話說：

二、根據「聽核心」精神裡「心」的層次，依照下列情境，在孩子的行為中，以符合「用心欣賞」的語言，為孩子找到正向價值，並應對出適當的「欣賞」語句。

示範

情境／孩子不喜歡跟他人分享玩具，總是將玩具藏起來。

欣賞：孩子擁有纖細的心，是一個懂得珍惜、愛惜自己物品的人。

五種情境練習

情境1／孩子平時沒複習功課，雖然考前熬夜讀書，但是成績不理想，只考六十分。

欣賞：

情境2／孩子不管如何被老師處罰、警告，從不曾告訴過父母自己的困境。

欣賞：

情境3／同學在考試時央求孩子分享答案，孩子卻被老師抓到，最終以作弊遭零分處置。

欣賞：

情境4／孩子不敵同學慫恿，半夜和同學一起去飆車，結果被警察取締無照駕駛。

欣賞：

情境5／不管父母說什麼，孩子總是脾氣暴躁的頂嘴。

欣賞：

第三部

冰山
一個人的誕生

一

幼兒冰山的養成

冰山，是一個巨大的象徵和隱喻。

在小說家海明威眼裡，它是創作的最高境界。

在家族治療大師薩提爾女士心中，它是人之所以成為人的重大隱喻。

一個人誕生的基礎，是父母；養成孩子的重要性格，也在父母。因此我們可以說，父母是孩子的土壤，供給孩子長大的養分，也供給孩子靈性的滋養，以及源源不絕的生命力。

不管從哪個地方切入孩子的成長，父母都是孩子最重要的關鍵人，因此做一個覺知的父母，時刻覺察自己與孩子相處的應對是否得宜，顯得相當重要。

家庭裡的危險平衡

多年前，網路上流行一支影片，名為〈媽媽之歌〉。

影片竄紅時，我還是個青春正旺的少女，既沒結婚也沒小孩，因此看到這支影片只覺得「太好笑了」。這首歌描述的媽媽太傳神，完全揶揄了媽媽「嘮叨」的個性，從上學遲到、考試不及格、刷牙上床睡覺、上網玩電腦……什麼都可以嘮叨。

影片裡闡述媽媽的形象就是「關心孩子」，但卻「永遠的嘮叨」，造成「孩子永恆的煩躁」。

影片最後，還特別製作了另一曲〈爸爸之歌〉。相較於媽媽之歌，爸爸之歌竟然短得不像話，而且只有一句話，那就是：「去問你媽。」

這句歌詞詮釋了多少家庭的無奈與困境，一語道盡夫妻在家庭中照顧孩子的微妙平衡與危險關係，也訴說了孩子的無奈。

透過這首歌，我們清楚看出，每個家庭成員在家庭中所扮演的立場與心境，是完全不同的。

從孩子的觀點來看，這首歌唱出孩子的煩躁。對孩子而言，成天面對母親嘮嘮叨叨，簡直是精神虐待與疲勞轟炸。

從母親觀點來看，這首歌唱出媽媽的委屈與心聲，因為孩子真是太不長進了，凡事都需要媽媽叮嚀，爸爸卻永遠像個事不關己的局外人。

從爸爸（先生）的觀點來說，這首歌也唱出了他們的無奈。因為他們不是不想幫忙太太分擔照顧孩子的責任，而是他們的事業正值巔峰，需要更多心力去經營。久而久之，家裡有太太打理，先生為事業奔忙，夫妻倆協力扶持這個家，有空偶爾幫家裡做點事，不是挺好的嗎？為什麼太太總是永遠不滿足？回到家還得聽太太嘮叨小孩、嘮叨先生，這種家庭，先生還願意繼續待下去，可以偷笑了。

覺察你的情緒

隨著歲月流逝，我成了三個孩子的母親。身分角色轉換了，不同的位置不同的心情，當我再度聽到這首歌時，我笑不出來了。因為這首歌，幾乎是所有原生家庭組成的原型，是父與母的悲歌呀。

一個家庭，由三種身分的人組成，那就是：父、母、孩子，而最原始的組成成員，就是父與母。

父與母因為男女屬性的不同，挑起來的擔子也很不同。男性因為對事業較有渴求，因此總是樂意往事業去發展。至於女性，因為生育孩子後，便會展開一段哺育孩子的過程，很自然就將養育孩子的責任擔負起來。

就是這樣的差別，父與母便會往兩個極端的層面走去。先生總覺得太太不理解工作，久而久之工作應酬也習慣自己前去，不再邀請太太陪同；太太則覺得被先生冷落，且先生也不會照顧孩子，就算偶爾想幫忙，也會因為做著不擅長的工作，太太指責兩句，先生就不幫忙，太太就更身陷照顧家庭與孩子的泥淖中無法脫困。

面對這樣的窘境，家裡大小事都慣性一肩扛的母親，擔起了打理孩子的責任，於是不得不走上操心之路：擔心孩子沒吃飽、擔心孩子上學遲到、擔心孩子身體不健康，為了讓孩子走向更好的未來，身為母親除了叮嚀，她們幾乎找不出第二個方法。久而久之，叮嚀就成了嘮叨，嘮叨控制不好就變成怒罵指責，高張的情緒很自然造成親子對立、先生反感，進而造成家庭風暴。

然而，父與母的相處模式，在在影響著孩子的成長。

要如何讓母親從嘮叨的困境中走出來？

要如何讓爸爸不再無奈的逃避家庭責任，不再做家裡的邊緣人？

要如何讓孩子得到適當的關注與信任，讓他們成為有責任的成熟之人？

「覺察」，是首要的關鍵。當我們又感覺到陷入情緒風暴，覺察自己的情緒，覺察自己的應對。若已經失去原有的平穩，試著先停下來，遠離戰場，便是覺察後最好的處理，因為家庭中一切好的溝通都開始於父母平穩的內在。

1 幼兒教育　陪伴孩子生出決斷力

要讓孩子從興頭上抽離出來，確實需要花時間做一些心理準備。大人能做的，就是等待，讓孩子自己決斷離開的時機。

不管多幼小的孩子，都是完整而獨立的個體。他們具有獨立思考的能力，因此在養育過程中，我們得時刻相信孩子的能力，這是幼兒教育很重要的基礎，也是養育孩子成為一個完整的人的關鍵。

零到三歲是腦神經元發展的黃金期，與父母建立起良好的依附關係，將有助於孩子未來在學習上的穩定，以及成為擁有冒險精神的探險者。而這時期的幼兒，也是應對姿態養成的黃金期，儘管孩子一方面會展現自我意識，與大人衝撞，另一方面卻是汲汲學習父母做出的應對示範（如父母回應孩子的情緒是暴烈的，那麼孩子模仿學習到的應對姿態便是暴躁，反之亦然）。父母此時若給予孩子完整的安全感，那麼未來孩子成為獨立個體時，就會呈現自由且穩定的完整個體。

所有父母時刻都在為孩子著想，希冀孩子成為優秀且獨一無二的個體。然而三歲幼兒處於青黃不接的年紀，不僅個人意識高張，無視家庭規範的管束，而且愈管教就愈崩潰哭鬧，還動不動就以哭鬧來做為溝通手段。父母究竟要怎麼帶領這時期的孩子，才能讓孩子既感覺被愛，又能在父母尊重下，自願遵守家庭規範，讓家庭生活順利運行？

我們該如何做出引導與示範？

父母是幼兒教育的領羊人，帶領孩子時，自然是從父母的立場來觀看孩子的問題。若同一個問題，能換個角度，從孩子的觀點來檢視，我們也許能明白為何孩子如此痛苦與掙扎。

想像一下，如果我們打電玩正在興頭上（或者講電話，或者玩手遊，或者在處理一件重要的事），旁人卻催促我們趕快離開這個讓你開心（或棘手）的事，你是否能做到不反抗就立刻離開？離開與不離開，內在有什麼感受？覺得不耐煩、覺得不舒服、覺得不開心、覺得生氣？

這些湧上心頭的情緒，便是孩子遭遇到的感受。要離開正在興頭上的事，大人都需要極大決斷力與勇氣，何況是年幼的孩子。

孩子沒有學習過決斷的勇氣，因此在面對大人不斷的催促與壓迫時，他能做的只有哭和生氣，這是最自然的反應。

而大人如何面對孩子這自然的反應？生氣？責罵？強行拖走？

這些應對，當然會使孩子出現更高張的情緒反應。

若不用生氣、責罵的方式來管束孩子，我們又該如何處理這類幼兒問題？

處理這類幼兒問題的方式，就是：讓孩子自己決斷離開的時機。

怎麼樣都叫不走時……

有次我去保母家接兒子一一。他當時三歲，好奇心、愛玩正值高峰期。我去接他時，他正在玩一組新得到的軌道車玩具。

每回得到新玩具，一一總是呈現痴迷瘋狂的模樣，一玩再玩，醉心於新玩具的遊戲之中。

我看著一一，輕輕喚著：「該回家囉！」

一一大聲回應：「等一下嘛！我還沒玩完耶！」**（傾聽）**

我問一一：「那我等兩分鐘，可以嗎？」**（核對）**

這是最初的核對，依照我能等待的時間去詢問一一，藉此達成共識。

一一隨口說：「好。」

三歲的孩子對時間沒有概念，但是因為很想玩，一一聽到還能繼續玩，自然順口就答應了。

兩分鐘過去了，我表達我們協議好的約定：「兩分鐘到囉，我們該回家囉。」

一一如三歲階段的孩子一樣，開始耍賴鬧脾氣。

為了能延續和新玩具在一起的時間，一一拚命拖延時間，我告訴他，我願意再等他兩分鐘。但是兩分鐘一到，一一仍舊耍賴，要求還要再兩分鐘。第三次我答允一一再給他兩分鐘，但這一次，在答允之前，我為了確認一一的約定是認真的，因此再次送出核對。

我問：「這一次，時間到了，你真的會遵守約定，跟我回家嗎？」**（核對）**

一一爽快回答：「會！」

我：「可是你之前有兩次都沒做到，這一次真的能做到嗎？」

一一：「我會，媽媽你要相信我。」（**傾聽**）

我：「我相信你，而且媽媽是真的要回家了，你再玩兩分鐘真的要跟我回去喔，我想要你跟我一起回家。」（**核對**）

一一卻說：「媽媽，我不玩了，我們現在就回家。」一一搬起新玩具就要回家。

（**新困境**）

那是一組附有軌道的汽車玩具。

我連忙說：「軌道留在奶奶家，明天再來玩吧，車子帶回去是可以的。」

會這麼說，是因為我明白一一整個晚上會因為擁有新玩具而處在亢奮狀態。軌道畢竟比較龐大，家裡施展不開，他肯定會一直堅持展開來玩。我擔心玩具帶回家再要求孩子不能玩，對孩子而言太過煎熬，與其這樣，不如在此時就決斷。

一一如我想像，面對我的要求（玩具不能帶回家），立即崩潰大哭，又跳又叫，不停去搶玩具。保母好言相勸，都起不了作用，一一甚至氣得想用腳踢她。

我告訴一一：「不能踢人！」（**規範**）

情緒無處發洩的一一，哭得更大聲。

我蹲下來，看著一一。

我說：「你很想玩軌道車，是嗎？」（**核對期待**）

一一因有人理解他而安靜下來，擦擦眼淚，他點頭說：「是。」

我說：「那我們在這裡玩，再玩兩圈，然後跟軌道說再見，好嗎？」（**核對行為**）

一一說：「好。」

我說：「那我等你，好嗎？」（**核對期待**）

一一點頭說好。

一一將軌道展開來，很快的在上頭滑著他心愛的車子。

我觀察一一，他眼神專注的看著軌道車，但我總感覺他彷彿在思考什麼。

我同一一說：「一一，你玩兩圈，你自己算，兩圈到的時候，請告訴我喔。」

（將決斷權還給孩子，讓他自己決斷何時該離開）

一一點點頭。

耐心陪伴孩子生出決斷力

我在旁邊守候著孩子，看著孩子玩著玩具，一圈又一圈暢快的滑著。

我不著急，一旁的保母卻急了。她深怕一一又賴皮，蹲下身子，刻意用手指著軌道的一處，說：「一一，車滑到這裡的時候，就是兩圈了喔！要說話算話喔。」一一聽著保母的話，我笑了。因為這是由大人界定的兩圈，卻不是一一認定的兩圈，畢竟要離開心愛玩具的人，是孩子，因此我希望是由一一來界定兩圈的定義。孩子要從興頭上抽離出來，確實需要心理建設，也要花一些時間。

自己決定決斷的時間，對幼兒而言，是長大的里程碑，也代表孩子往承擔責任的目標又向前邁進一大步。

這個歷程，在孩子成長過程，是非常重要且珍貴的，而父母該以什麼樣的姿態來陪伴孩子生出決斷力？

是不停催促孩子該決斷了？還是直接幫孩子決定決斷的時機？這兩個中的任何一個，都只會將決斷的責任攬在自己身上，更無法讓孩子學習決斷的勇氣。

為了讓孩子學會為自己負責，我輕聲跟保母說：「沒關係，我們等一一，因為一一會知道兩圈到了沒，他會告訴我們的，對嗎，一一？」（**核對觀點**）

一一對著我堅定的點頭。

果不其然，一一滑了幾圈以後，就毅然決然的離開軌道，轉頭跟我說：「好了，我們走了。」

這便是孩子決斷的勇氣，當他做足了準備，便會果敢離開，而這也是幼兒教育的重點：「孩子做出決斷的時間，由孩子自己界定」。

一一示範出完美的決斷能力。

送出愛與陪伴

當然，孩子能這麼順利的做出決斷，與當時的狀況（父母時間允許）與父母的應對方式有絕對的關係。若時間不允許，或父母的應對表現出稍有不耐或焦慮，孩子的回應可能會不盡理想，仍舊會繼續耍賴。

若大人已盡可能付出最大的耐心與時間等待孩子，孩子仍舊無法決斷，該怎麼辦呢？此刻我們有許多選擇，我提供兩種比較常用的方式：

1. **若時間允許**：再給孩子一次等待的機會，並且在執行之前，務必協商出辦法或告知孩子，「這真的是最後一次等待，如果最後無法和媽媽回去，媽媽就必須抱著你，強迫你回去。」
   媽媽在實施前，也務必將愛先送達：「即使媽媽強迫你回去，你可能會不開心，但媽媽要你知道，媽媽是愛你的。」

2. **若時間不允許：**直接告知孩子，「媽媽知道你還想玩，但媽媽沒有時間再等你了。現在，不管你願意還是不願意，媽媽都得帶你回家，媽媽很愛你。」

送出愛的語言後，父母便可以溫柔而堅定的抱起孩子離去，若孩子在懷裡哭鬧，父母可以穩定的告知孩子，「我知道你還想玩，明天來的時候玩具會等你，現在我們得回家了。」

以此穩定的節奏，持續送出愛與陪伴。

2 幼兒教育 三歲孩子聽不懂人話？

大人的傾聽會讓孩子內在得到支持的力量，感覺被同理，孩子就不會再以跳針方式強調他們的感受。

前章談及讓孩子有自己的決斷權，但只要家有三歲孩子的父母，肯定都有相同遭遇，那就是三歲孩子情緒上來時，完全無法溝通，叫他往東，他偏往西；要他不能吼叫，他偏吼叫得像厲鬼。

這時，父母該用什麼樣的方式應對孩子？

三歲時期的一一，如所有家庭的孩子一樣，固執而強硬，想要的東西要不到，立刻大聲哭鬧抗議。

面對性格頑強的孩子，先生總是束手無策，頻頻搖頭對我說：「三歲，真的聽不懂人話耶！」

先生對兒子的行徑已不抱任何期待，每每聽到兒子哭鬧，先生不自覺的皺眉，更加確認「三歲孩子豬狗嫌」。別說完全無法溝通，根本就是聽不懂人話的外星人。

我現在就要！

夏日某次假期，我駕車帶先生和三個孩子去炙熱的野外郊遊。回程時，孩子們被熱壞了，先生充滿創意的答應孩子，晚一點可以去賣場各買一個噴水的澆花器，讓他們在洗澡時玩。

結果就這麼一個答允，坐在後座的一一開始跳針。

一一：「噴水槍呢？」

先生：「等等才能買，現在要開車去賣場。」

一一：「爸爸快買！我想要水槍！」

先生：「好，要等一下。」

一一：「我不要等一下，我要現在，拜託，快去買！」

先生：「有，現在已經要去買了。」

一一：「我現在就要，水槍給我。」

先生：「現在沒有水槍，要晚一點才有，回家路上一定會去買，現在要忍耐！」

先生不停的解釋，但一一充耳不聞，脾氣不降反升，生氣哭鬧一股腦全湧上：「哎呀……快去買！快去！要買！」

先生的情緒雖然被兒子挑起，但仍舊很努力的壓抑著，不想對孩子暴發情緒。只是再怎麼壓抑，情緒仍然會從各個孔洞鑽出，如：姿態、語態、神情、話語等洩漏祕密。

果然，先生忍不住大聲說：「等等就去買，要等等！我剛剛就說了，現在沒有，你到底聽懂了嗎？」

父子倆因為一一跳針質問，先生也跟著跳針解釋，結局就是孩子崩潰生氣，先生怒火中燒。

深層敲擊冰山各處

我在前頭開車，一直認真聆聽先生與孩子的對話。眼看兩人已經呈現情緒爆走的情況，宛若兩頭野獸本能的廝殺，我立刻介入僵局。

我兼顧開車的責任，所以我與一一的對話過程極短，然而一一在這一分鐘裡從崩潰到被理解，再從被理解到遵守家庭規範，也學會等待。過程非常平順和緩，運用了「核對」來貼近孩子，並在來往核對的過程，傳遞了「家庭規範」，引發孩子重要的自我覺察。

完整對話如下，在每句對話後，詳細補上核對的層次，分別在冰山的各處敲擊。

我：「一一現在是不是很想拿到噴水槍？」**（核對期待）**

一一：「是。」（哭聲瞬間變小了）

我：「拿到以後，是想拿來噴水嗎？」**（核對期待）**

一一：「是。」（專注回應，眼淚已收乾）

我：「噴水之後，肯定很涼，一一喜歡很涼嗎？」**（核對觀點）**

一一：「對。」（猛點頭，完整被接納與接近，聲音裡有著上揚的愉悅，顯示我已完全貼近孩子的內在，孩子才能如此敞開）

（核對感受）

我：「媽媽也喜歡涼爽的感覺，天氣實在太熱了，噴了水，肯定很舒服吧？」

一一：「對。」

我：「一一拿到以後，會先噴誰呢？」（**核對行為**）

一一：「不知道。」（笑）

我：「一一會拿來噴媽媽嗎？」（**核對行為**）

一一：「會！」（開心）

我：「媽媽願意讓你噴喔！那一一會噴自己嗎？」（**核對行為**）

一一：「會。」（更開心）

我：「一一也想自己涼一下，是吧？」（**核對期待**）

一一：「是。」

我：「唉呀，對了，媽媽都忘了提醒你，萬一你拿到噴水槍，你要記得，不能在車子裡噴喔！因為車子很小，不小心會噴到大家，媽媽在開車，萬一被噴到，嚇一跳就不好了，很危險呢。」（**家庭規範**）

一一：「好。」（因為被貼近，內在柔軟了，於是孩子願意接納規範）

我：「還有還有，回到家也不能噴，一定要去浴室洗澡時才能玩喔！不然家裡會弄得濕答答的，走路滑倒可就麻煩了。」（**家庭規範**）

一一：「好。」

我：「這樣和你聊一聊，真想趕快拿到噴水槍耶！好急喔，怎麼不快點拿到呢！

你應該跟我一樣吧，一定也想趕快拿到喔？」**（挪動位置，轉換孩子的觀點）**

一一：「對，可是要忍耐啦！」（孩子的位階從低位「被管理者」轉為更高的「決策者」，啟動覺察，決斷的能力也在此成熟）

我：「喔！好，要忍耐，你忍得住嗎？」**（核對行為）**

一一：「可以啦！」（此刻孩子完成了一致性的應對，自己想到的約束，自己才有可能真正去遵守，這便是由內而外的一致）

結束對話之後，我沉靜的開著車，一一則沉浸在自己的思緒中，再也沒有鬧過一絲脾氣。

先聽懂孩子

檢視這些對話工具，和前述章節完全無異，以「核對」為主軸，大規模發展出好奇與探索，在「渴望拿到噴水槍」的事件中，層層敲擊冰山，藉由反覆核對，讓孩子感覺被關注、被傾聽、被接納、被理解、被愛，對話的目標只有一個，一切只為貼近孩子的內在。當孩子真正感受到自己是被重視的，焦躁的心自然也就安定了。

每當一一跳針，暴躁不安，我便與一一如此談話，不用一分鐘，三歲的一一便能安靜下來，耐心等候。

誰說三歲的孩子聽不懂人話？

三歲的孩子不但聽得懂，也會說，因此，比聽懂人話更重要的是，他們需要大人的傾聽。

大人的傾聽，會讓孩子內在得到支持的力量，感覺被同理，增加安全感與信任感。有了這些穩定的感受，孩子才可能全然放下跳針的情緒，因為他知道，他的每一次表達，大人都會認真傾聽他，並且理解他！

三歲的孩子，聽不聽得懂人話，建立在大人是否願意傾聽孩子。因此，問題的根本不在於孩子，而在於，大人是否真的重視孩子的感受，是否願意先聽聽孩子說出自己的想望。

在判定孩子聽不懂人話之前，請給予孩子一段寬厚的時光，諦聽孩子的聲音。唯有父母真心傾聽，孩子才能明白自己是重要的，他也將學習父母示範出的穩定姿態，緩慢陳述自己的故事。

3 學齡教育

七歲，一個人的退學

陪孩子走一段成長的路，孩子才不會在害怕與孤單中踽踽獨行。自己生出力氣的孩子，將會走得更長遠，成為完整而獨立的個體。

學齡孩子會遇到的困境，不外乎是人際關係或課業上的困境與挫敗。當孩子遇到挫敗時，父母該如何陪伴？對話時應該聚焦在何處？

大女兒三三七歲念小一時，她陪我去新加坡工作，這趟行程共九天，功課也因此荒廢了。回來後，三三在課業上出現了巨大的挫敗，尤其是原本讀來就吃力的英文（安親班），更是讓她挫折到谷底。具體的問題就是她週考成績掛蛋，三三開始拒絕上安親班，而且拒學的力道之大、決心之猛烈，讓我驚訝。

為此，孩子的父親連連稱讚她的決心，並且讚譽這是「七歲，一個人的退學」。

先生帶著雄性的激昂與正向思考，讚賞三三自己安排好不去安親班之後的生活。孩子能為自己負責，孩子有這樣的能力，就足夠了，有沒有學英文已無關緊要。無關好壞，這就是先生的觀點。

而我呢？我又是怎麼看待這件事？

我從事件中看到的，除了孩子的果敢，還有屬於孩子的價值，為了追求極致的完美，憤而從不完美中退場，這是孩子的資源。

但我有擔憂，孩子為了追求完美，繼而害怕失敗，往後該如何面對每一次的挑戰與挫敗？孩子如何看待「失敗」呢？我如何讓孩子發展追求完整，而非完美的心態？

我將整件事情羅列於下，也將我在事件中遭到的困境，與孩子面臨挫敗且峰迴路轉的心境，記錄下來。

被時間囚禁的父母

某天晚上，三三對我說，她在安親班的例行考試考了零分，她很沮喪。她要求我陪她一起聽ＣＤ，練英文，把英文補起來。

這時的三三還很努力的想跟上進度，渴望趕上他人。

為此，我陪伴她在入睡前聽了一會兒CD，發現她其實都能跟上CD的口語，應對也都沒問題。

但不知道是情緒來了還是累了，她突然開始鬧彆扭，細數她在安親班的日子如何不喜歡，如何的壓抑。

三三說，她考不好，老師就會要求她努力，否則會遭扣分處罰，或者，威脅週末作業會增加，藉此讓她將單字記熟。老師這些規定讓她感到痛苦。

我因隔天排滿工作，因此簡短聊了一會兒，傾聽了她的痛苦。

這時我腦子裡想的是，孩子也許只是想找個情緒發洩的出口，這是暫時的，我只要傾聽和陪伴就好。

但隨著對話的深入，三三越發被恐懼困住。於是恐懼大規模的漫淹了她所有感官。最後，她幾乎是沒有理智的哭著訴說，她不想再去安親班了。

當時我一面聽三三傾訴，腦子裡想的卻全是隔天還得工作，而且時間已經很晚，該上床睡覺了。

面對三三大規模的發洩情緒，我只想趕快傾聽完，趕快結束對話（假意傾聽），因此我對三三說：「我明白你的恐懼，也知道你不想去安親班，剩下的事，我們明天再聊吧。」

事後回想，也許就是因為這樣的內在（敷衍），透露了我的煩躁，讓孩子更加沒有安全感。

我天真的以為也許隔天一覺起來，三三又恢復良好的狀態，若到時三三還有困境，再談也不遲。再者，當時真的已經很晚，我深怕影響隔天上學和工作，因此滿腦子只有：快點上床睡覺吧！

我被時間制約了，以至於我沒有超越時間的困境，瞬間就讓自己成為時間的囚徒，問題也懸而未決。

隔天醒來，三三再度表達不願意去安親班。由於我仍舊是時間的囚徒，因此我詢問三三，今天可否先去安親班，明日再來想辦法。

無奈三三強悍又軟弱的哭著說，她不願意再去，她的眼淚，讓我看見了過往那段憂鬱日子裡的回憶。於是，我決定切開時間的限制，暫時將她與壓力隔開，安置在她覺得安全的地方。

這是我當下能為她做的事。因為我不願意她又回到過去陰鬱不堪的日子裡。

過來人姿態

為了確認三三不願意去安親班的決心，也為了讓她學會表達與負責，我給了她一個考驗，「自己打電話給安親班老師告知她的決定」。這是在時間的夾縫中，我僅能做到的陪伴。

當然，除了讓三三學會負責，其實還有另外一層私心，那就是讓老師立即明瞭三三的狀況，建立三三和老師溝通的管道。

電話接通，三三聽到電話那頭老師的聲音，眼淚瞬間直流。我從她的眼淚看見她內在的委屈與壓力，我知道她有許多感受非常想傾訴給老師。

我很感動三三的真誠與坦白，也確定自己開了一個渠道，讓老師和三三直接溝通，是正確的。

未料，隨著三三與老師持續對話，三三的眼淚慢慢收乾了，最後與老師的回應，只剩冰冷的答案：「我不要，我就是不要去。」

老師不會對話，以理性硬生生的回應三三的困境，於是三三也以理性應對老師。

猶記得當時側邊聽見老師的對話裡，只有慰留和人生道理。

老師：「媽媽說你不想來？」（**核對事件**）

三三：「對。」

老師：「老師告訴你，這沒什麼好怕的，老師可以教你。」（**超理智，說道理，以自己的觀點說服孩子**）

三三：「不要。」

老師：「英文作業不會的部分，老師幫你一點一點補上。」（**超理智，說道理**）

三三：「不要。」

老師：「英文沒有你想像的可怕，只要肯學……」（**超理智，說道理**）

三三：「不要。」

老師：「你先不要拒絕，再試試看。」（**超理智，說道理**）

三三：「不要。」

老師：「老師跟你說，老師以前也不會，也是一點一滴努力，慢慢才會的……」（**超理智，說道理**）

三三：「不要就是不要。」

老師花了五分鐘勸誡三三，不但一點效果也沒有，還得到一個口吻強悍且極度冰冷的三三。

最後老師放棄勸說三三，透過電話，老師無奈的告訴我：「媽媽，三三可能還在情緒上，暫時沒辦法與她溝通，我看讓她先休息兩三天吧。」

我明白老師已經盡力了，卻也為老師努力的方向感到萬分可惜。我深信老師已經盡自己最大努力和三三溝通，但審視其應對姿態，皆是以上對下，以一種過來人的姿態對著受困人進行說服。但是孩子都還沒機會述說自己的困境，老師又怎能明白孩子身處的險地，究竟是怎樣的一個環境？沒辦法貼近孩子的老師，也只能無奈的被孩子拒絕於門外。

電話掛上後，三三悠悠的說：「媽媽，老師平常不是這麼溫柔，她剛剛所講的一切，都只是為了讓我回去，並不是真心關心我的。」

我聽了感到震驚，孩子都知道大人變的戲法，只有大人不知道自己早已被拆穿，兀自演著獨角戲。

學齡前的孩子仰賴父母的教導並依附父母。學齡後，父母地位仍然重要，但師長的引導與對師長的依附，對孩子的影響也甚巨，甚至可能撼動過去的基礎。

一個孩子情感豐沛的來到老師面前，老師卻忽視孩子的恐懼，只想以自身經驗來教授孩子道理，要孩子勇敢、要孩子面對、要孩子回到教室，忽略孩子的感受，不知陪伴的重要，孩子當然從老師身邊溜走，躲回安全的洞穴。

可惜老師不會對話，眼睜睜錯失了與孩子靠近的機會。

以沉穩內在接納孩子

和老師談完，三三真的不去上安親班了。

當下，我欣賞三三的勇敢，爭取了她想要的自由和學習的權利，也欣賞她的果敢，對於她想要的就極力去爭取，沒有絲毫猶豫。

但，除了欣賞，身為一個母親，我仍有我的顧慮。我必須承擔許多善後事物，無法像先生那樣灑脫，諸如：課後誰能照顧三三？安親班不去沒關係，但是往後就不讀英文了嗎？

於是，只要想起三三的事，我就心慌。

那感覺像是，我失職了。

在陪伴孩子長大的過程，父母最煎熬的，除了對孩子的責任，還有對自己的要求和批判，永遠不會比旁人少。這也是為什麼陪伴孩子的首要關鍵，是父母自己內在的穩定。因為當我感到失職，我得先穩定自己內在，才有可能以沉穩的姿態來接納孩子。

為了穩定自己，我開始探索為什麼我會有「失職」的感覺？

原來，原因出在，是我主張帶孩子出國，即便我理智上覺得出國對我和孩子都是非常好的體驗，但是回國後的課業銜接失誤，卻不在我的預期之內，讓我有了責怪自己的機會。

再者，孩子害怕學英文，我沒有陪伴她的害怕，讓她面對害怕，先學會逃避，這絕對不是我想給孩子面對困境的方式。為此，我的內在充滿了不安與混亂。

我細細審視著混亂的內在：我希望孩子不要懼怕學習，希望孩子面對挫敗，勇於失敗，但又不希望孩子感覺孤單，不被理解。我該如何走在陪伴的道路上，陪伴她生出自己的決心與力量，是我一直思量的核心。

一層一層釐清之後，我明白我的目標只有貼近孩子，其餘的一切都不再重要。

當我的內在穩定了，我便很快看清楚接下來陪伴的方向，我得陪三三走一段接納失敗的路。

陪孩子生出前進的力量

當天晚上，無視時間的存在，我與三三有了一場深談。我們針對「失敗」反覆釐清彼此的看法，也核對三三「離開」或「逃避」的決定，是唯一的辦法嗎？

我們來回核對聚焦，讓三三從原來的觀點產生覺察，並再次審視自己的決定是否是她想要的。

我：「媽媽知道，你不想去安親班了，對嗎？」（**複誦**）

三三：「對。」

我：「是因為考試考不好，所以不想去了？」（**核對事件**）

三三：「對，而且老師說考不好作業會變多，不然就扣分，我不喜歡老師這樣。」（**傾聽＋敘事療癒**）

我：「媽媽想知道，你怎麼看待自己考試失敗這件事。」（**核對觀點**）

三三：「我不喜歡，覺得很丟臉。」（**陳述感受**）

我：「你不允許自己失敗？」（**核對觀點**）

三三：「對。」

我：「媽媽想邀請你失敗。」（**提議**）

三三：「什麼意思？」

我：「媽媽不怕你失敗，因為媽媽願意陪著你，但是媽媽比較害怕當你面對失敗

後，你因為討厭失敗而永遠逃避了。」（**陳述觀點**）

三三：「可是我就是害怕。」（**陳述感受**）

我：「想聽故事嗎？媽媽講個故事給你聽。」

三三：「故事我想聽。」

我講了三三小時候就聽過的「孫中山起義」的故事。隨著屢屢失敗的情節發生，三三臉上的表情也跟著變化，我會停下來問她：「已經第三次了，已經第四次了，已經第五次了，孫中山還要繼續努力嗎？你希望他再試試看嗎？」

三三的心情跟著孫中山起義的故事起伏，慷慨激昂。

我一次次詢問，孫中山該不該鼓起勇氣再試一次？

三三一次又一次大聲疾呼：「他可以的，他應該再試一次。」

我：「你會因為他失敗，而瞧不起他嗎？」（**核對觀點**）

三三：「當然不會。」

我：「你願意再給孫中山這麼多機會，你卻只給自己一次機會？你寬待他人，卻對自己很嚴格，能告訴我為什麼嗎？」（**核對行為與觀點**）

三三臉色凝重，進入自己的思緒中。

沉默了好一會兒之後，三三才緩慢開口：「可是我會害怕，我不喜歡考試，我……」**（表述感受）**

我：「以後你還想要學英文嗎？」**（核對期待）**

三三：「我願意，當然願意。」

我：「所以你討厭的是考試，並不是討厭英文，是這意思嗎？」**（核對觀點，聚焦困境）**

三三：「對，我不討厭英文，英文老師很好笑，對我也很好，我喜歡上課，我不想考試。」**（傾聽）**

我：「既然這樣，如果媽媽能幫你把你困擾的考試排除，你願意回去再試試看嗎？只進教室上課，做你喜歡的學習，不做其他，你想嗎？」**（核對期待）**

三三：「可是如果還是不喜歡怎麼辦？我就是很害怕。」**（陳述感受）**

我：「如果有害怕，媽媽會陪著你，你願意相信媽媽會陪你嗎？」**（核對渴望）**

三三：「我相信媽媽，可是不相信我自己。」

我看著三三，停頓於此，讓問題自己跑一會兒。

三三：「我也不是不相信自己，我只是……就是會擔憂，我很想試試看，但萬一我又害怕怎麼辦？」

我：「只要你願意就好，其他的問題是媽媽的責任，你願意再試試看嗎？」**（核對渴望）**

三三：「我願意，但萬一……」（擔憂一直在干擾孩子的決定）

我：「這樣吧，我們努力到月底，月底後如果真的不喜歡，我們再討論未來該怎麼辦，好嗎？」**（核對行為）**

三三低著頭思量，幾分鐘後，終於抬頭，眼神閃爍著心動，不再憂慮害怕。

透過對話，讓三三重新審視問題，以不同的角度去思考困境，並且得以修正自己的決定，以期更符合她想要的方向。

這個拒學事件，從發生至今，已經過了兩年。三三目前還待在原來的英文安親班裡，她一直很努力的以自己的方式學習，而我也始終陪伴在側。三三的英文程度從三年前的最後一名，一直爬升至全班第一，過程中成績偶有起伏，有時也會抱怨，但都不再撼動她想學習的決心。

這便是帶領學齡中孩子時，最重要的目標：陪孩子走一段成長的路。

只有父母願意傾聽，陪伴孩子成長，孩子才不會在害怕與孤單中踽踽獨行。自己生出力氣的孩子，將會走得更長更遠，成為一個完整而獨立的個體，這不就是教養的最終目標！

4 共融教育 雙軌校正系統

看見身旁的親子出現狀況，別指責孩子或母親的過失，請給予支持的力量，協助母親，成為更好的母親。

教養，在普羅大眾的眼中，往往將責任劃分給母親。

然而承擔責任的母親，卻面臨了諸多困境。孩子行為一旦出現問題，社會的、家庭的、家族的、世人的輿論壓力，全都究責於母親。誠然，孩子行為問題，根本原因確實出現在家庭，然而當養育孩子的過程，社會不曾對母親伸出援手，一旦問題發生，母親這個職位，瞬間成了眾矢之的，對母親而言何其殘忍。

不久前，有一句口號很流行：「你的孩子不是你的孩子」，藉此表達孩子在成長過程，父母應該要學著尊重孩子是個個體，以發展獨立個體為目標，滲入教養方式。

然而事實是，教養，不應該只是父母（母親）的責任，應該是屬於社會的集體責任，因為「每一個孩子，都是我們的孩子」。

孩子的成長，仰賴家庭父母，也仰賴學校師長，更亟需社會每一個人的參與。孩子發生無法挽回的行為問題之前，如果身邊的親人、師長，甚至路上的行人，能多一句關心、參與，成為孩子當下的力量，也許孩子就可能從困境邊緣找到回家的路。

如果社會上的每個人，都是重要的教養推手，每個孩子都有雙軌以上的教養校正系統，孩子又怎麼會一直陷在困境裡。

雙軌校正系統可以發生在任何時間，任何地點，只要我們看見身旁的親子出現狀況，不是指責孩子或母親過失，而是利用「核對」的對話系統，協助母親成為更好的母親，便能給予孩子和母親支持的力量。

父母如果搞不定……

二女兒川川四歲時，我帶她參加律動課。休息時間，川川突然從遠處跑來，拚命的拉著我，嚷嚷著說：「媽媽，不好了，我發生不好的事了，你快來幫我。」

她將我拉到一間律動教室，裡面有一面落地鏡，鏡子上寫滿了字，字的旁邊還畫有許多可愛的卡通塗鴉。

我花了三分鐘，弄清楚川川的遭遇。

原來，律動教室裡一個姊姊，指責川川亂畫鏡子亂塗鴉，不但責罵了川川，還要求她將塗鴉擦掉。

我當時心想，這點小事，擦掉不就好了嗎？有什麼好大驚小怪的呢？

但當我想要尋找板擦，協助處理時，川川鑽到我的胯下，囁嚅的說：「可是那不是我畫的……」

我抬頭看了看鏡子上的塗鴉，這才終於搞懂川川的心結。姊姊以為那個塗鴉是川川畫的，還要求她擦拭乾淨。川川被誤會了。

背了黑鍋，川川內心當然委屈。

指責的姊姊就在一旁，於是我問她：「這塗鴉不是妹妹畫的，怎麼辦呢？」

大姊姊不明就裡的說：「要擦掉啊！」

我再次核對問題：「這些塗鴉都不是這個妹妹畫的，即便這樣，妹妹還是要負責把它擦乾淨嗎？」

大姊姊突然被話語打中，覺察到問題的關鍵，支支吾吾了一陣，但她應該不知道怎麼處理，於是仍然硬著頭皮說：「對，因為剛剛是這個妹妹和她的朋友在這裡玩，所以她還是要擦。」

原來剛剛川川和另外兩個大哥哥大姊姊在這間教室玩，因此被誤認是塗鴉的人。

我點頭：「擦是沒關係，我去找行政老師拿板擦好了。」

我帶川川去找行政老師，拿了板擦回到教室擦拭鏡面。

原以為這件事就該如此落幕，沒想到川川彆扭得想哭。

我低頭問川川，怎麼了？

川川說：「就不是我畫的，我被罵，又要擦鏡子，我不開心。」

唉呀，這可真傷腦筋！媽媽眼裡的小事，對孩子而言可是天大的大事。

因為我擦拭的舉動，等同於默認鏡子上的塗鴉是川川畫的。這份委屈，並不是「媽媽秀秀」、「媽媽知道你委屈」等話語就能夠撫平，因為我的行為已經做出了傷害。

為此，我決定嘗試開啟第二道教養的校正系統，啟動教室原本就有的資源。

我拉著川川：「既然這樣，我們問問櫃台老師該怎麼辦，好不好？」

川川點頭。

外在神支援

我帶川川來到行政老師跟前，將川川的遭遇告訴老師。

我：「老師，川川沒有塗鴉，但是有個大姊姊誤會她了。不但如此，川川還被要求要把鏡面上的塗鴉擦拭乾淨。我們按照大姊姊的要求，將塗鴉擦拭乾淨了，可是川川心裡還是非常委屈，因為事情不是她做的，卻要她擦，而且姊姊一直認定是她做的，怎麼辦呀老師？」**（陳述故事）**

說完，我對老師眨眨眼，打了暗號。

老師很快接收到我的訊息，立刻明瞭我的用意，她立刻對川川做出欣賞。

老師：「川川，不是你做的，你還願意去擦乾淨，你真是認真的孩子。但是那些根本不是你畫的，我們絕對不能讓大姊姊誤會，所以老師等等會去跟大姊姊解釋，鏡子不是你畫的，讓大姊姊知道她誤會你了，好嗎？」**（欣賞）**

川川含著眼淚，釋懷的點著頭。

老師：「雖然大姊姊誤會你了，但是你仍然願意把鏡子擦乾淨，很值得大家學習喔！老師很感動你的付出，老師代替所有小朋友謝謝你。」**（欣賞）**

川川的小臉蛋上有了淺淺的安慰笑容。因為老師不但理解她的委屈，又願意幫助她澄清事實，最後還不忘送出欣賞，這便是最好的對話引導。

我拉著川川的手，小聲詢問：「老師這樣說，有幫助到你嗎？你還會難過嗎？」

（核對感受）

川川搖頭，表示她完全好了。

藉由行政老師的話語，川川在二次校正下，撫平了內心的委屈，也得到了心靈上的支持與安慰，補足了從我這裡得不到的自我價值，這便是共融教育的意義與真諦。

離開櫃台時，我回頭對行政老師比出讚賞的手勢，也點頭表達感謝，這是我和行政老師之間的密語。

正向的欣賞與教養，如果能充塞於社會的每一個角落，身兼教養重責大任的母親，隨時都能有第二道教養校正的援手，那將是社會與家庭之福。因為「每個孩子，都是我們的孩子」，是未來的社會棟梁與支柱，我們怎能錯過參與共融教育的機會，幫助每一個孩子與社會有所連結。

5 家庭系統根基　親密關係

父母之間穩固的親密關係，有助於孩子的穩定，孩子也能從中學習良好的溝通，因為父母是孩子的終身範本。

父母的親密關係，是影響孩子未來同儕、師生，甚至伴侶等關係是否和諧，最重要也最基礎的示範。

父母親的關係和諧，孩子也相對和諧，因為孩子能藉由父母的相處，學習在關係中該如何應對、溝通、掌控情緒，因此父母的親密關係，對孩子有絕對影響。

因此親密關係的溝通，就顯得格外重要。

夫妻溝通，不若親子間的溝通純粹，當中還參雜了許多變動的異數，如兩人因性別所產生體質上感受力的不同，以及雙方原生家庭的應對系統所衍生的觀點、情感、行為模式等繁複變化，溝通時，如同兩個家族間的角力戰，充滿了曖昧且複雜。因此親密關係溝通時，更需要以「核對」系統，來貼近對方的語意及深層意思。

夫妻間因性別不同而產生的感受差異，讓我想起工作坊的一對年輕夫妻。我邀請這對夫妻分享近日發生的小爭執，先生想了想，表示最近挺好的，沒什麼爭執；太太則詫異的看著丈夫，因為前一天他們才為家庭旅遊的事情產生爭執，怎麼丈夫會說最近挺好的呢？

這便是一個很有意思的岔點。男人和女人看待事物的方式，天生有著非常不一樣的心思和感受。男人說一切都很好，沒什麼爭執（撇除掉家醜不想外揚的傳統顧忌），其實是源自於理性的邏輯腦。

他們不太會記得一件事太久，不會在單一焦點上著墨太久，尤其是太痛苦的事。所以爭執一結束，男人的理智作祟，就會選擇將它淡忘，或以一種「這只不過是芝麻小事」的感受來注記它。

那麼女性呢？

女性恰恰相反，女性較男人感性得多，因此面對問題時，男性覺得是小事，但對女性而言，卻是不容易跨越的問題。

不是女性不想掙脫，而是女性的感知占據了所有理智層面，因此很難輕易掙脫問題的束縛。這時如果沒有好的對話方式協助爬梳她的感受，受傷的情緒就會一直累積，久而久之，便成了情感出現裂痕的起始原因了。

一個家庭的起點，是由非常不同的兩個人所組成，因此對每件事物的看法，自然就會出現截然不同的觀點，也因此考驗夫妻間的溝通能力，深深影響親密關係。

男女感受大不同

我問妻子爭執的事件，妻子仔細述說為了計劃一次假日的家庭旅遊，她如何費盡心思尋找價格合宜，是先生負擔得起的民宿。

這對夫妻組構的是小康家庭，先生在外工作賺錢，太太則是在家帶孩子的全職媽媽，將家庭打理得井然有序。

他們的經濟雖然不太寬裕，即使扣掉每月基本開銷後所剩不多，仍舊努力想給孩子快樂的童年，因此經常安排出遊，是一對十分用心經營家庭的夫妻。

這次出遊計畫，由於太過臨時，妻子頻頻碰壁。妻子時間不多，因此她先放下家務，用一整天時間投入所有精力和體力尋找。對妻子而言，這代價真大，眼看孩子快要放學回來，先生也快下班。就在她焦急萬分，不知該不該繼續找下去時，她終於找到能容納一家人的民宿了。

民宿價格非常便宜，只要兩千八百八十元，環境也算優美，妻子很滿意。

妻子任務達成，這才放下心中大石頭，終於安心了。她開始期待先生下班，她要告訴他這個好消息，讓丈夫好好稱讚自己的努力。

哪知道丈夫回來聽到妻子描述，直覺回應了一句：「怎麼這麼貴！」

這句話徹底擊垮妻子，讓她心情盪到谷底。

妻子默默不語，強壓情緒，表面強裝無事，依舊照料著家庭的一切，使之運作得宜。然而入夜後，妻子輾轉難眠，再也壓抑不了內心的憤怒，將熟睡的先生挖醒，激動的表達強烈的不滿與委屈。

突然從睡夢中被妻子吵醒的丈夫，在錯愕之餘，也感到非常的憤怒，因為他完全不理解自己究竟是哪裡做錯了。難道在家裡，他連表達自己的看法和想法的權利都沒有了嗎？

兩人就這樣爭吵起來。

壓在心底的情緒

家庭中類似的小爭執屢見不鮮。若細部檢核這次爭執，就能明白問題的癥結，在於太太努力的付出沒有得到回饋與欣賞（那可是她暫停手邊所有家務，在電腦前耗掉一天時光找到的欸）。

她對於自己的努力付出，有著小小期待，期待丈夫能看見這麼努力尋找住宿，還找到便宜四人房的自己，藉此證明自己是有價值的。

然而妻子的這份期待隱而不顯，也許連她都不知道自己有這些期待：期待丈夫稱讚她，期待丈夫慰勞她辛苦，期待一家人因她的努力而展露笑顏，那麼她一整天的努力都有了代價。

沒想到妻子不但沒有得到預期中的稱讚，反而換來丈夫的批判，她覺得價錢便宜，先生卻劈頭就說：「怎麼這麼貴！」她感覺自己一整天的努力，完全被丈夫踩在腳底，不被珍惜。

但真是如此嗎？丈夫是想將妻子的尊嚴踐踏於腳底？如果丈夫真的單純覺得太貴了，他能有自己的期待嗎？當期待落空，他能表達嗎？該怎麼表達才能既表述自己的想法，又不讓妻子覺得受傷？

讓我們再一次聚焦問題的核心：當丈夫的期待（希望找到更便宜的住宿），遇上太太的期待（自己的努力被看見），這兩者的期待幾乎是反方向。期待的落差那樣大，在對話過程中，太太當然會有許多潛藏的情緒不斷湧出，先生也自覺委屈。事實上，這只是表面上看起來，認知的期待落差懸殊而已。底層渴望被重視、渴望愛，始終沒變，兩人這樣相像，這樣靠近，彼此卻沒有發現。

妻子陳述完爭執的事件，我發現妻子臉部細微的情緒變化，那裡頭含藏著委屈、壓抑，以及不被理解的情緒。

於是我問她：「這件事情，已經過去了嗎？還是其實你還壓在心裡頭，一直過不去？」**（核對感受）**

妻子停頓一會兒，情緒瞬間如浪潮般湧出。

妻子說：「我當時跟丈夫說，你如果覺得太貴，就自己找。最後我還是靠自己努力，找到他可以接受的民宿了。這件事，我以為過去了，但是現在重新談起，我覺得我其實只是壓在心裡面，一直沒過去。」**（傾聽＋陳述事件）**

是的，事件不處理，不代表過去了，只是我們習慣閉上眼睛不去正視它，不去正視，不代表它就不存在。相反的，它也許在等待下一次的出口，匯聚所有情緒，爆發更大更強烈的反撲。

先關照對方的內在感受

為了不讓妻子的情緒二度壓抑，我立即邀請丈夫，用他慣用的說話方式，協助太太當下解開這個癥結。

丈夫想了許久，說了許多解釋。

丈夫：「我沒別的意思。」「我只是覺得太貴。」

妻子漠然的看著丈夫。

丈夫：「只要你開口，我可以幫忙找。」

妻子表情僵硬，線條剛冷。

丈夫：「我只是……」

我請丈夫先停頓下來，然後詢問妻子，丈夫說的這些話，對她而言可有幫助？感覺如何？（**核對感受**）

妻子表示完全沒有被安撫到，她用手勢強調：「連一咪咪都沒有感覺被安慰喔！聽完反而更想發脾氣。」

我邀請丈夫換個說法，先不為自己的行徑做解釋，而是先關照妻子內在的感受，為妻子的努力做定調，說出妻子在計劃家庭旅行上的付出與辛苦之處，也陪伴妻子內在委屈的感受（妻子在這件事情上這麼努力，但是丈夫忽略妻子的努力，關注的卻是民宿的價錢）。

丈夫跟著我的說法，重新再說一次：「我進家門時看到你那樣興沖沖的來到我面前，告訴我你找到民宿的好消息，我還嫌太貴，不知道那是你花了一整天時間上網才找到的，讓你感覺委屈了，對不起。」**（複誦事件）**

一瞬間，妻子的臉部線條柔和，含著淚笑了，覺得自己終於被理解了，所有委屈與不滿，都得到宣洩與釋放，一切顯得那樣的神奇。

妻子：「我舒服多了，謝謝你理解我。」

這並不是神奇的表達。我們在日常溝通時，往往只急於表達自己的看法，忘了先關注對方的「故事」，忘了聽不明白時要先「核對」。

「對話」系統一直存在於生活之中，它像個球體，只是我們向來善用的對話，都是單面向著重在自己，忘了「關照他人」，也忘了在聽不懂他人語意時去「核對」，更忘了在每一次對話結束前給予「欣賞」。

有了上述幾個步驟與示範，親密關係的溝通，會更趨於圓融與多面。

親密關係是教養孩子的基石，亦是在教養孩子之前，就必須熟悉的準備工作。畢竟穩固的親密關係，有助於孩子的穩定，更有助於孩子學習良好的溝通方式，因為父母一直是孩子學習的終身範本。

二

冰山資源
一個人的誕生

1 冰山各層　探索冰山底層的真相

孩子的行為，只是冰山外顯的一小部分，
冰山底層，才是大人需要去挖掘、保護與陪伴的瑰寶。

每個人都是一座冰山，彼此能看見的，是浮現於水平面以上的行為（故事），每一個行為都內含著各層次的訊息，如：感受、觀點、期待、渴望、自我等。

在對話的路徑上，如何不被孩子的行為（故事）困住，錯失了探究冰山底層訊息的機會，值得父母細細審視、覺察。

當問題（行為）出現時，父母該如何撥開行為的迷霧？

拋開主觀印象

大女兒三三從小就是過敏兒，經年氣喘發作。為了改善氣喘體質，我長年帶著她學習游泳。三三七歲時，和五歲的川川一起上游泳課。一天，兩姊妹在游泳課的課堂上，發生了肢體衝突。由於我不在現場，是透過教練轉述才知道的。

下課後，教練告訴我：「媽媽，今天三三心情似乎很不好，在游泳池裡踢了妹妹的肚子，而且踢得很用力，看起來是故意的。媽媽你可能要關心一下妹妹的傷勢。」

我的腦子轉了兩圈，姊妹爭執吵架，是常有的，最後經常是姊姊動手，妹妹哭泣居多，看來這次也一樣。不過在探究原因之前，我決定先把過去的印象和經驗，都先趕出我的腦子，否則很容易陷入指責的狀態。

我謝謝教練對兩個孩子的教導後，便領著濕漉漉的兩姊妹進浴室，用最快速度沖洗完畢後，我不經意的問三三：「今天學游泳還好嗎？」

三三點頭，表示還好。三三沒有我以為的情緒，我猜測她也許擔心挨罵，因此不想將自己踢妹妹的行徑告訴我。

我於是單槍直入問：「教練說，你在游泳池踢了妹妹的肚子，有嗎？」

妹妹當下立即回應：「有，姊姊踢了我肚子，好痛。」

我關心妹妹有沒有受傷，妹妹說，痛過之後就好了，沒事了。

關照妹妹後，我把關心轉回三三身上，我看著她，等她告訴我她的故事。（**行為**）

三三聳肩，表示：「沒有啊，我是不小心的。」

我看著神色有點低落的三三，問她：「你今天是不是心情不太好？」（**核對感受**）

三三點頭：「真的不好，心情一直不好。」（**傾聽故事**）

我問三三怎麼了。

三三回道：「不知道，就很生氣。」

我送出核對：「你心情不好，和妹妹在幼兒園把你送給她的 Kitty 梳子，拿去跟同學交換 Kitty 的娃娃有關嗎？」（**核對行為**）

那是發生在三三游泳之前的故事。

撥開每個行為下的迷霧

三三天生不是個疼愛妹妹的大姊，我不期待她做一個疼愛妹妹的姊姊，我期待她做自己，只要不動手傷害妹妹，我接納她成為自己想要的樣子。當然，我也希冀她在充分獲得我的愛之後，在她覺得有餘裕的時刻，能把我的愛傳遞給妹妹，如此便好。

前晚，滿載著愛的三三，第一次將愛送給了妹妹。她拿著一把心愛的 Kitty 梳子，送給了妹妹。那一刻我很感動，彷彿歷經千山萬水後，終於看到最美的一幅風景畫。那是三三第一次如此直接表露「愛」給妹妹。

兩姊妹在那一刻，彼此深深相愛著，就在游泳課的前一晚。

此時三三突然想起來了，她激動道：「對！有關！那是我最心愛的梳子，是妹妹一直要一直要，不停的跟我要！我不想給。但是，妹妹總是說我不愛她，我想當一個很愛她的姊姊，所以我就狠心給她了，結果……」**（傾聽故事）**

結果，妹妹帶著姊姊送的寶貝梳子到幼兒園獻寶，沒想到一進校園，同學愛死了那把梳子，願意拿一只 Kitty 娃娃跟妹妹交換，而妹妹也極愛同學的 Kitty 娃娃，於是交易瞬間達成。上學前，妹妹帶著梳子，放學後，妹妹帶著娃娃回來了。

三三：「我給她這麼寶貴的東西，她一去學校就跟別人交換 Kitty 娃娃，我很生氣。她既然沒有這麼喜歡 Kitty 梳子，幹嘛跟我要？既然跟我要了，我就以為她會很珍惜，可是她卻隨便拿去跟人家換了，我好氣！」

三三瞬間將累積在心裡的情緒傾瀉而出。我看著三三的臉，覺得每個孩子都是這麼的美好而單純，內心都藏有豐富且易碎的情感，等待大人去核對、探索。

三三想要表現愛妹妹，因此把最喜歡的梳子割愛給妹妹，這樣的舉動，多麼美好！

但是如果我在聆聽教練敘述「三三踢妹妹」的訊息，再加上「過去經驗的累積」，判斷出「三三又打妹妹了」，因而進行一連串「處罰或教訓」的慣性反射行為，這對三三而言，只會產生更多的委屈與憤怒。

事實上，對三三而言，真相是：1. 妹妹根本不重視姊姊的愛。2. 妹妹跟同學交換的不是玩具，而是姊姊的愛。3. 妹妹把姊姊的愛狠狠踩在腳下。

如果我們看得懂冰山，便能明白三三的情緒及故事，內在便多了一份同理與疼惜。

孩子的行為，都只是冰山外顯的一小部分，冰山底層的情緒、感受、觀點、期待、渴望、自我，才是需要去挖掘的主因。愈探索冰山，就愈能理解孩子是一塊未經雕琢的瑰寶，底層的冰山，還晶晶亮亮的等待大人去保護與陪伴。

冰山各層

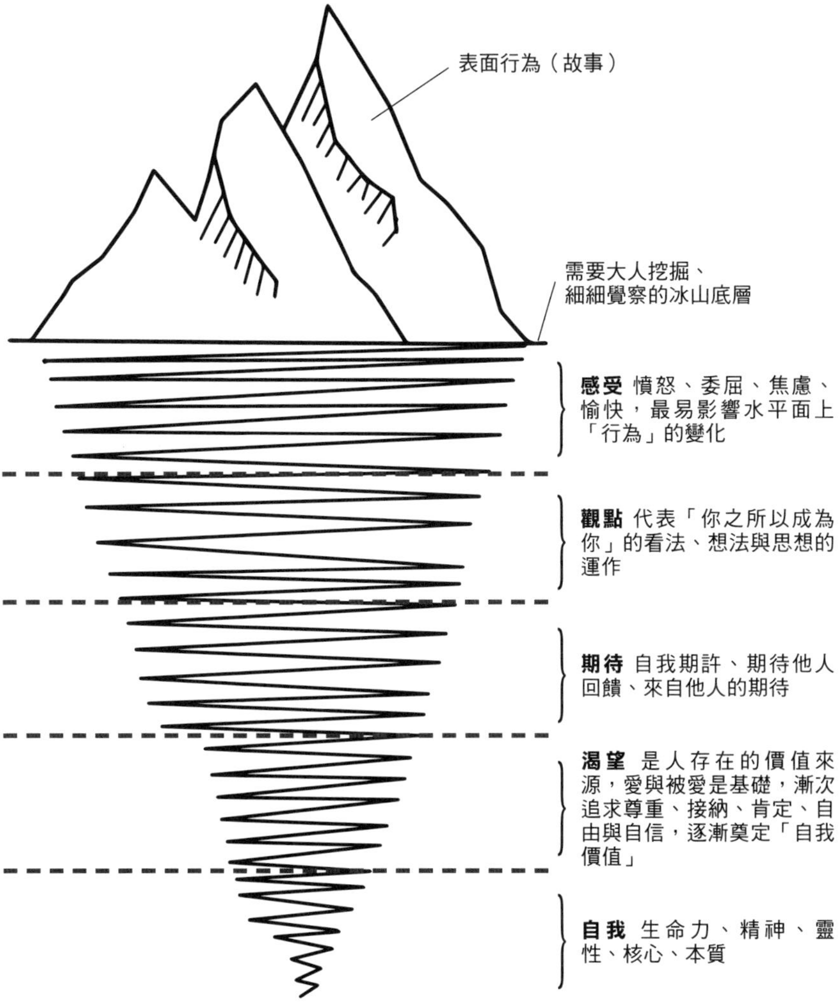
表面行為（故事）
需要大人挖掘、
細細覺察的冰山底層
感受 憤怒、委屈、焦慮、愉快，最易影響水平面上「行為」的變化
觀點 代表「你之所以成為你」的看法、想法與思想的運作
期待 自我期許、期待他人回饋、來自他人的期待
渴望 是人存在的價值來源，愛與被愛是基礎，漸次追求尊重、接納、肯定、自由與自信，逐漸奠定「自我價值」
自我 生命力、精神、靈性、核心、本質

2 冰山下的感受 I

情緒暴發三層次

情緒不是萬惡淵藪，而是讓人的情感能有所表達、宣洩的管道，但要避免以情緒為藉口做出傷害他人的行為，更別成為情緒的傀儡。

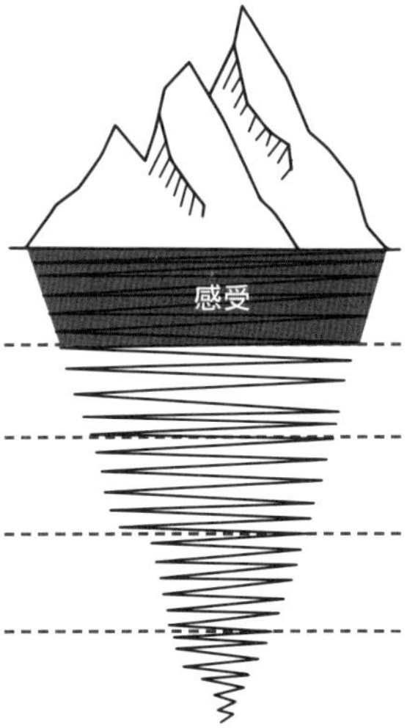

在冰山水平面下，有一層「感受」層，代表一個人不管快樂、憂傷、憤怒、委屈，都在這一層次的感受區內。

不管是什麼樣的情緒，都考驗著一個人的內在平穩度，而情緒往往與水平面上的「行為」，有著直接的影響關係。

我的上一本書《孩子永遠是對的》，提

及情緒影響一個人的行動。一位擔任司機的父親，因為女兒用石塊在他養家活口的貨車車門上畫畫，讓他怒不可遏，竟因此用鐵絲綑綁女兒的手。女兒因父親的憤怒，失去了雙手。

情緒，絕對不是罪惡，相反的，它是讓一個人的情感能有所表達、宣洩的管道，因此表達情緒是健康的。然而當行為被情緒帶領，做出傷害他人的舉動，就不再只是單純的發洩情緒，而是蓄意傷害的行為，這便不是我們樂見的情緒。

情緒影響行為，有三個層次，每一層次的轉變，都隨著對象的應對模式而啟動更激烈層次的樞紐。在表達上，我們是否也曾不知不覺滲入了情緒勒索？雖然不是故意，卻也間接造成孩子或親人心靈的傷害，不能不慎防。

究竟從情緒到行為的層次遞演，是怎麼發生的？

情緒升起時

記得一年冬天，「霸王級寒流」來襲，我正準備開車出門工作的前一個小時，先生居然把我要用的車撞壞了。

當時的情況是，先生熱心的帶女兒去機械停車場運動，他突發奇想，要讓女兒在車庫練車，於是取出放在車子行李廂的腳踏車，卻忘記順手將行李廂關上，就跟女兒開心的離開了。

沒想到鄰居使用機械停車位時，行李廂蓋的高度超過機械停車格的限制，後桶蓋就這樣被機械停車格鋼架撞歪了，車身嚴重扭曲變形。

管理室打電話來通知我車子被撞壞時，我還一頭霧水，但隨即猜測可能是先生惹的禍。我跑去問先生，是不是他真忘了關行李廂蓋？

先生當時在浴廁幫狗兒洗澡，他大叫一聲，承認那真的是他粗心大意所為。他的聲音裡淨是驚嚇、懊惱的情緒。他驚恐的問我該怎麼辦。老實說，當時我的腦袋嗚嗡作響，全身發涼，腦子無法思考。

當天我得開車上山辦營隊，運送重達二十公斤的書籍，結果車子意外壞了，我完全不知道該怎麼把書運送上山。我瞬間沒了主意，哪裡還知道車壞了該怎麼辦。

不只沒主意，我還能感覺「憤怒」的情緒一直往上冒，火熱的，從腹部，燃燒到咽喉，最後漲滿了整顆腦袋。

我真的非常、非常、非常生氣！

那一瞬間，我只想發洩，以罵、以怒吼、以肢體、以各種能傷害對方的方式，只要能發洩「憤怒」的情緒，不管是什麼都好。

但是，我什麼都沒做。

我壓低嗓音，以極度壓抑的聲調，跟先生說：「你趕快去看看車子吧，該怎麼處理，就怎麼處理。」

我明白我的情緒已經到了臨界點，風吹草動都會溢出，因此克制得很辛苦，才能不打翻情緒。先生也明白我的感受，因此趕緊離開，下樓去處理車子。

柔軟的應對

先生離開後，我接手先生未完成的工作，幫狗兒洗澡、吹毛、清潔等，也藉由外在的忙碌，稍稍安頓煩躁的內在。

先生下樓後，開著行李廂蓋已經歪成小丑笑的車子，在街上繞了一圈。他想找修車廠，卻一直找不到，在街上繞了四十分鐘，最後只得又開回家。

他回來時，我已經把狗兒打理乾淨，把家裡一切打理好，就等他回來，因為我已想妥辦法，也聯繫好修車人員，只要將車先開到保母家，後續就有人能接手處理，我再搭公車到陽明山，展開為期三天的工作。

儘管我一直安頓自己的內在，但仍能感覺我是有情緒的，雖然沒有先前那麼劇烈，但仍有很大一部分被我壓抑著。

我不發一語開著車，遵循「不因情緒影響行為，而做出傷害他人舉動」的原則，先生靜默的坐在一旁，臉色嚴肅淒苦，孩子在後座也靜默著。

開著歪嘴車，心裡頗苦，因為後視鏡映照出來的是整片歪掉的後桶蓋，完全看不見後方的車子。

抵達保母家之前，我終於忍不住，先打破沉悶。

我嘆了口氣，跟先生說：「對於這整件事情，你有什麼想法嗎？」

沒想到先生居然自己懊惱起來，說：「我本來想說拿了腳踏車，只一下下，等騎完我就回來關車蓋，沒想到騎完我們就上樓回家了，完全忘記行李廂還沒有蓋上。唉，我真該養成順手就關車蓋的習慣。」

我訝異先生的自省自察，也欽佩固執的他，此刻竟願意向我示弱。

剛強的應對，招來全副武裝的反擊；柔軟的應對，換來自省的空間。我的柔軟，讓先生更深層的反省與覺察，這便是應對姿態的真意。

我心疼起先生的處境，畢竟要面臨責難與責任的，是他不是我，於是，他的柔軟也帶動了我的柔軟。

我說：「是啊，真的要順手關車蓋。上山工作前車子壞了，對我們影響很大呀！希望你記住這次事故，下次別再忘了。」

說完這句，我已完全放下怒氣了。我明顯感覺胸口、腹部、腦袋，都不再如剛剛情緒漲滿的灼熱，我已全然接受這次意外。

學會接納情緒

後來，朋友與我有一段關於這個事件很有意思的對話，我才明白事件當下，我已跨越了從情緒到行為三層次的變化，因此沒有釀成更大的災難。

我將朋友的對話記錄於下，便於解構這三個層次的變化。

朋友：「先生把你的車子撞壞，當下你為什麼不罵他？他做出這樣的行為，真的應該好好罵他，以洩心頭怒火！」

我：「我罵了他，就會想打他。」（**責罵為第一層情緒**）

朋友：「那就打啊，他這樣的行徑，真的該打！」

我：「我打了他，就會想殺他。」（**動手為第二層情緒**）

朋友：「啊？」

我：「你以為，他會乖乖讓我罵嗎？被罵，心情不好，就會頂嘴，一頂嘴，我就會更暴力的制止他，不是嗎？」（**置對方於死地為第三層情緒**）

朋友：「打一打就好，怒氣就會消啦，不用到殺。」

我：「要是我真打了，你以為他會乖乖讓我打嗎？你怎麼知道他不會回擊呢？」

朋友：「他敢回擊，你就打得更凶！」

我：「是啊，只要他敢回擊，我肯定就會打得更凶，因為我絕對會想壓制他，誰叫做錯事的是他。但是萬一他狗急跳牆也打我怎麼辦？你說，到時候，我會不會想拿把刀殺死他？情緒不就是這樣堆疊出來的嗎？」

殺人，當然只是一種情緒上的形容詞，但如果真的「罵」出口，下一步就會「打」出手，最後就會想「殺」人。罵、打、殺，是憤怒情緒帶來行為的三個層次，因為行為在配合情緒演出這場戲時，只會往上加成，以武力恫嚇或壓制對方，社會上許多衝突殺人的事件，不就是這麼來的？

情緒絕對不是萬惡淵藪，但我們得嚴防情緒反客為主，成為我們的主人，那就會混淆原本的用意，屆時我和先生的相處，肯定就會變成以情緒對抗情緒的狀態，我將喪失自我，成為情緒的傀儡。

美國社會心理學家費斯汀格（Leon Festinger）曾提出一則論述，他說：「生活中的百分之十，是由發生在你身上的事情組成；而另外的百分之九十，則視你對這些事情的反應所決定。」

確實如此。日常生活中，親子關係、兩性關係，肯定會面臨很多不如意，如果總是以憤怒的情緒來面對，一定會讓事情變得一塌糊塗。反之，如果任何事，我們都能學著接納情緒，便可以得到比較平穩的狀態，那麼很多不必要的傷害，就能避免了。

3 冰山下的感受 II 不做情緒的傀儡

面對洶湧的情緒，你可以選擇用較好的姿態來面對，不讓行為與情緒共舞，避免風暴擴大。

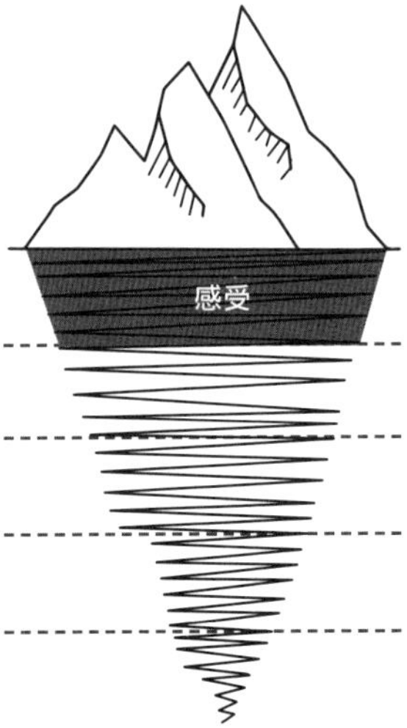

經過上一章的演繹，不難發現水平面下的「感受」，很容易直接影響水平面上「行為」的變化。

我覺得憤怒，我感到委屈，我有些難過，我覺得快樂，我感到愉悅，我有點焦慮……這些都是屬於感受的範疇。

「感受」，只是冰山裡的其中一個層

次，卻經常喧賓奪主，成為「行為」的主人，而真正的主人（自我），反而變成盲目的隨從。

該如何掙脫情緒的勒索？若能從情緒的掌控中看見事物的「正向價值」，會是很關鍵的選擇。

誰對誰錯？

某個週五，大女兒三三學校慣例有朝會，老師幾天前就寫聯絡簿提醒，希望三三當天得早到，因她要上台領獎，怕遲到錯過上台的機會。

為此，我比往常提早十分鐘叫喚三三起床。

不過那天三三的狀態不如預期，我喊了幾聲後，她便有情緒了。察覺到她的情緒，我便告訴她：「我感覺你好像有些不高興。這樣吧，時間交給你，我在客廳等，需要我幫忙就喊一聲。你弄好了就出來，我帶你到學校參加朝會。」

我放下對時間的焦慮，將責任還給三三，但該有的陪伴，我也擔負起來，只要三三需要我，我隨時都在一旁。

就這樣，三三在沒有我的提醒下，一路錯過了時間。即使出門時已然趕不上朝會，我仍不介入催促。

為了讓出門的路程更順暢，我和先生換手陪伴三三，我先下樓去車庫將車子備妥，父女倆一下樓，我們就能出發。好不容易盼到他們到車庫，一看不得了，兩人臉色都很僵硬。

原來三三知道無法上台領獎了，情緒立刻上來，對爸爸發脾氣。當然，沒有例外的，收到炸藥脾氣的爸爸，自然也就怒氣相向的回敬，爸爸咆哮：「是你要領獎又不是我要領獎，你凶什麼凶！以後不要再叫我幫你什麼忙！」

父女倆就這樣槓上了。

我開車駛離社區沒多久，就聽見後座傳來三三的聲音，她抱怨爸爸對她太凶，向我告狀。

爸爸聽聞這番話瞬間惱怒，因為爸爸認為是三三先口出惡語，他才反擊的，因此也立刻怒言回敬三三的抱怨。

三三接收到爸爸猛烈的責罵，終於受不住外在（朝會無法上台）和內在（被爸爸責罵而憤怒、委屈）的夾擊，在車內也跟著咆哮（歇斯底里）。

爸爸冰山裡的感受，是被三三的行為給惹惱，引發他在感受上的各種情緒。從表面看來，爸爸是有道理發脾氣的。

面對洶湧情緒的抉擇

然而，三三是這場衝突的始作俑者嗎？

檢核三三的冰山，不難發現，一個面對期待落空、無法上台領獎的孩子，要瞬間接納殘酷現實已不容易。這時若再遇上父母厲聲催促，任誰都沒辦法心平氣和的出門。三三的情緒，也是其來有自呀。

這對父女，各自都有委屈與傷口，也都有自己的理由。但是別忘了，大人永遠比孩子有能力去「選擇」，甚至「決定」，要以什麼方式面對洶湧而來的情緒，甚至面對孩子。

三三與先生的僵局，讓我能感受到車內充斥著兩股氣旋，彼此相互拉扯、旋轉，而我的情緒也緩慢的揚升。

父女倆的情緒，再加上我內在的情緒，那幾乎就是三個強颱匯聚一堂！

為了防止風暴繼續擴大，我先安頓自己的情緒，我為我的決定，做出了「選擇」。雖然父女倆的情緒影響了我，我仍舊有「選擇權」，我願以較好的姿態，面對車內家人的情緒與困境。

這便是先前提到的：面對情緒撲面，大人永遠比孩子有能力「決定」自己的姿態。

當我調整好內在情緒，決定介入父女間的僵局，展開與三三的對話。

我和三三有了短短五分鐘的對話，同前幾章詳述的步驟無異，先是理解她的焦慮、核對她的感受、貼近她面臨遲到又挨父親責罵的處境，也表達了欣賞她的處境雖然不容易，但她一直很努力，沒有放棄溝通，也沒有放棄上學，這一切我都看在眼裡。

此刻的對話，我選擇與三三站在同一個海岸線上。我理解她的困境，理解她此刻擁有的感受；對於這樣的感受，我沒有評價，反而給予欣賞，欣賞她所做的一切努力。

三三聽完我的話，瞬間止住了風暴，氣旋變小了。我能感覺，她憤怒的情緒轉為滿腹委屈，因為挨爸爸罵了，當然委屈呀。

結束對話前，我再度給予我的欣賞，也給予了我的信任，因為我仍舊把上學時間的掌控交付在她手裡，語言中，我表達了：「我知道你非常努力想做好準時上學的準備，只是今天有些差池，但我依舊相信你能找到改善的方法。在找到方法之前，我會一直陪在你身邊，隨時做你強而有力的後盾。」

三三安靜了。

在三三平復了情緒之後，我轉而對先生說：「謝謝你幫我承擔了許多責任，也讓你因此面對了孩子的情緒。我很抱歉，也很感謝，辛苦你了。」

先生聽了我的話，情緒的氣旋立刻削弱許多，先生拍拍我：「你比較辛苦，我沒做什麼。孩子嘛，誰沒有情緒呢！過了就好。」

瞬間，父女倆的僵局化為無形，車內的風柔和的撫面滑過，優雅有愛。

車子到校後，三三深深的擁抱著我一會兒，然後獨自步入學校，已然接納無法上台領獎的現實。

先陪伴自己穩定

在此事件中，處理的順序是：

1. **關照自己**：我覺察到自己有情緒，我允許自己有情緒，也在情緒來臨時，意識到自己是有選擇權的。我可以發脾氣，但我沒有，我決定先離開三三身邊，先關照自己的內在，陪伴自己穩定。

2. **不讓行為與情緒共舞：**當我回到三三身邊時，面對三三的情緒，我能覺察自己的情緒遊走在理智與憤怒之間。我再度安頓自己的情緒，拒絕情緒做我的主人，不讓情緒主宰我，因此我的行為沒有脫序責罵，亦沒有跟著爸爸和三三的情緒起舞，才能開啟一場穩定且具有能量的對話。

3. **給予欣賞與信任：**對話時，我以非常穩定平實的語氣，肯定三三的努力，也給予高度的信任，並且欣賞她所做的努力，也相信她能找出可修正的錯誤，只要持續努力，總會有辦法準時到校的。

4. **回應感謝伴侶：**孩子是引發情緒風暴的源頭，因此在緩解了孩子的情緒後，我也沒忘記給予先生欣賞與回饋，不致讓先生一個人孤伶伶的收拾情緒過境後的殘局。

藉由這幾個步驟，我安頓了自己，也安頓了父女倆的內在，接納他們的情緒，可能還適時化解了一場情緒風暴，也讓一家人擺脫了成為情緒傀儡的困境。

4

冰山中的觀點　別讓「傷痛」箝制彼此的心

深層剖析冰山下的觀點，察覺情緒升起的原因，
逐步鬆動難以撼動的觀點，才能不受過往的情緒、傷痛擺布。

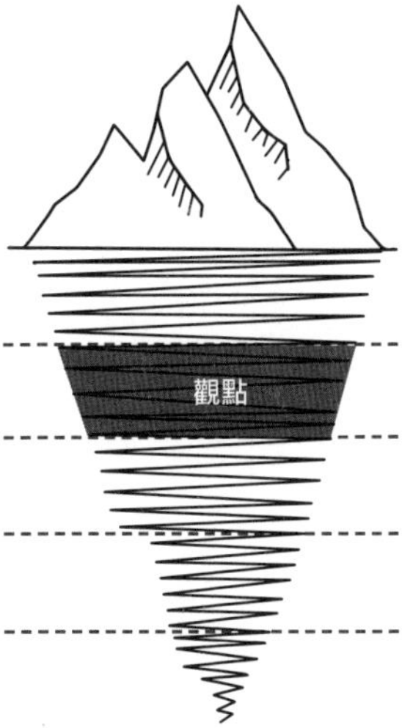

在冰山的圖層中，有個名為「觀點」的層次，位在感受的下方區塊，它代表「你之所以成為你」的看法、想法與思想的運作。

觀點是經年累月形成的，絕大多數源自兩個面向：1.原生家庭（父母）的影響，2.成長經驗的堆疊。

想改變一個人的觀點，幾乎是要撼動他

的根本，抹煞過去所有存在的意義。為了不讓他人抹煞我們存在的意義與價值，我們會因為觀點不同而爭執、辯論得面紅耳赤，只為捍衛我們的根本，一不小心就擦槍走火，甚至引來殺機，這便是觀點在作祟。

人為了自己賴以生存的觀點，向全世界宣戰，只有旁人明白這個觀點也許不適合他。但試圖改變他人觀點，不管是當事人還是自己，都將傷痕累累。我們不禁要問：「不適合自己（或他人）的觀點，究竟能不能（被）改變？」

答案是，當然可以。但絕不是過去慣常使用的「說服」或「辯論」。因為人的觀點都是一點一滴累積而成，想快速改變他人觀點是不切實際的，不得不特別小心。

想要介紹新的觀點給他人，需要一些時間。「體驗」是最好的切入點，能讓他人換位思考，從原來的觀點跳脫，進而接受新觀點。

觀點迥異帶來的爭執

舉個例子，讓大家更進一步明瞭上述文字的意思。

一位朋友M前來找我，傾訴她與先生的爭執，以及共組家庭的困境。

M與先生假日一起帶孩子回婆家，當時她進廚房忙著張羅晚餐，將三歲兒子交給先生照顧。結果兒子與堂哥為了玩具起爭執，一旁的先生不但不維護兒子的權益，甚至以嚴厲口吻責罵兒子，要他把玩具讓給堂哥。

M在廚房聽到，氣急敗壞的衝出來以身體擋在兒子面前，試圖撐起孩子安全的防護網，藉此抵抗堂哥的欺凌與先生的蠻橫不講理。

我核對M的意思：「你的意思是，你將孩子交給先生照顧，但是先生用了錯誤的方法照顧，你為此感到生氣，是這樣嗎？」**（核對故事與感受）**

M回答：「對，當時兒子和堂哥發生衝突，是堂哥來搶兒子的玩具，根本不是兒子的錯。先生應該去處理堂哥的行為，但是他卻忽略堂哥的錯誤行為，還用情緒吼兒子，這不是本末倒置嗎？」**（傾聽故事）**

我再次核對：「所以，即使你去廚房忙了，你仍要求先生要用你期望的方式照顧孩子，是這樣嗎？」**（核對期待）**

M突然愣住，看著我。

我也看著M，耐心等待她回應我的問題。

M不語，我再次核對：「你一直都希望先生照你的方式照顧孩子，是嗎？」**（核對期待）**

M是個有覺知且敏感的人，當我這麼詢問時，她體內的警鐘大響。她沉默了。

久久之後，她落下淚來，哽咽訴說她會如此生氣，可能不只是因為兒子被先生無理的責罵，可能還包含另一個原因，那是一個傷心的故事。（過去懸而未決的感受，影響此刻的冰山。）

藏在心裡的傷

M說，她與先生一直以來都分隔兩地，所以她向來逞強、不求外援，獨自撐著自己和孩子的生活，彷彿孩子是她一個人的，連她都像沒有先生似的。

她覺得自己一個人也可以把孩子帶得很好，所以從沒有埋怨過先生。然而當她和先生相聚時，不知道為什麼，就會不自覺升起一股憤怒的情緒，覺得先生憑什麼在家庭中缺席？因此每每看見他，就會不由自主的指揮著他按照自己的意思照顧孩子。長久下來，她和先生的衝突愈來愈多，而她越發感覺疲累、孤單。

M述說至此，突然憶及不久前，那個因病來不及相見的孩子。

M說：「我原本已懷了老二，是個女孩，但是產檢發現孩子基因異常。因為不希望孩子生出來面對不友善的世界，也擔心對父母與孩子來說都是負擔，百般無奈下，只好選擇讓孩子離開。動手術時，醫生問我要不要看看孩子，我不敢看，怕看了會崩潰。我知道她肯定很孤單，很難過，但我就是強忍著，連去想的勇氣也沒有。我更不敢悲傷，怕因此陷得更深。可是每次不小心想起來，就好難過。」

M有很深的悲傷哽在胸口，也許連她自己都不知道，有一股深深的悲傷正在控制牽引著她。

原來，M對先生的憤怒，不只是表面看起來的原因。透過爬梳，連結到過往未處理的傷口。

難以撼動的觀點

若要協助M處理過去的傷口，我得更清楚M在冰山的哪一層次卡住了。

我核對她的語意：「你的意思是，那孩子曾經存在過，但你卻撇過頭去，沒有正視她曾經存在？」（**核對故事**）

M：「對。」

我：「你希望她從來就不曾來過？」**（核對期望）**

M：「……我沒有這樣說過……」

朋友陷入悲傷。

我：「你很自責吧？」**（核對感受）**

M點頭。

我：「你希望能用自責贖罪嗎？」**（核對觀點）**

M突然猛力點頭。

我：「你希望用自責來記住孩子曾經存在的事實嗎？」**（核對行為）**

M的淚水更多了，不停的點頭。

M：「如果不這樣，孩子不就白來了？她會怨恨我把她忘了，所以她肯定也希望我用這樣的方式記住她。」**（傾聽觀點）**

我：「你的意思是，孩子也希望你這樣做？」**（核對期待）**

M：「應該是吧！」

我：「所以，你認為孩子希望你悲傷，每天都以悲傷度日，這樣她才會高興？」**（核對觀點）**

朋友愣住了。

對話裡，我以一貫的傾聽、複誦、換句話說等「核對」工具，不停來回穿梭於M想表達的意思，在冰山各層來回敲擊，並在她早已無法撼動的觀點上（懷著悲傷的樣態才對得起死去的孩子），以她的觀點詢問她。

M執著自己的觀點，並且期待先生也如此過活。但先生沒有愧疚過日子，甚至連反省都沒有，居然還用蠻橫的態度對待有幸與他們一起生活的兒子，叫她如何能接受！

鬆動觀點

為此，我決定在M的觀點上，嘗試鬆動她的堅持。

我：「孩子希望你過得痛苦，這是她來這一遭的目的？」**（核對期待）**

M又搖頭了。

我：「還是，這只是你的想法，並不是孩子的？」**（第一次鬆動）**

M：「當然，這只是我的想法，我覺得我把自己搞得難堪一點，她應該就會比較釋懷自己不能被生下來。」**（傾聽觀點）**

我：「那麼……你覺得，這個來不及出生的孩子，希望你悲傷，還是快樂呢？」

（再次鬆動觀點上的感受）

M聽完，又落淚了。啜泣聲中夾雜著她的痛苦：「除了悲傷，我不知道還能為她做些什麼，她是被我拋棄的孩子。但是我想，孩子是善良的，她應該會希望我這輩子都是快快樂樂的。」**（M的觀點被鬆動了，她以自己的感受去詮釋孩子的觀點）**

我讓M的悲傷奔流一會兒，沒有去打斷她。

M的觀點，從原本的位置，輕輕被提起，並且重重的轉向了。最後決定是否要鬆動或是移動，完全取決於她的決定。我只是一座橋，在她面前鋪展一條路，引她走向她想去的方向。

告別悲傷

M哭聲漸息，我輕拍她，以聲音喚她，回到當下。

為了讓M處理過往未處理的傷痛，我決定帶M做一個「告別儀式」，透過儀式的完成，才能帶領M從傷痛的低谷裡，走回現實生活中，也才能不受過去傷痛擺布，重新處理與先生的關係。

我：「當日你刻意選擇不去看她，不想承認她真實的存在，她確實會難過。那天你來不及向孩子告別，今天，你願意重新跟她告別嗎？」

M淚眼迷離的點頭，同意向孩子告別，承認她來過，也坦承自己的自責與痛苦。

我：「接納孩子曾經存在，承認她來過，遠比你放她一個人傷心、孤單好得多。」

我帶著M，以冥想的方式，做了一場小小的告別儀式。透過我聲音的帶領，讓M去感受孩子的愛，也讓M去重新成為孩子的母親，給予來不及出世的孩子一份祝福，讓這份祝福，以愛的形態，永駐彼此的心田。

告別儀式完成，M整個人宛若重生，晶亮剔透。

M說：「我愛孩子，也能感覺到被孩子愛著。對於先生，你說的對，我太想控制他了，甚至用過去的情緒去箝制他，不准他過得太恣意妄為。但我忘了先生也是獨立的個體，我應該尊重他養育孩子的方式。我可以不認同他的行為，但不需要生氣，他有教養的權利與理由，我過度干涉了。」

朋友帶著笑與愛離開。

接納，不是以頭腦去說服自己，而是以身體去感覺，觀點也是如此。唯有體驗到愛，才能敞開心胸全然去接受，原本荒蕪乾涸的內在島嶼，便能流進一點愛。

5

冰山裡的期待

愛的恐怖分身

你可以有期待，但每個人也都該擁有拒絕這份期待的權利。

請允許你的期待落空，並學著接納失落。

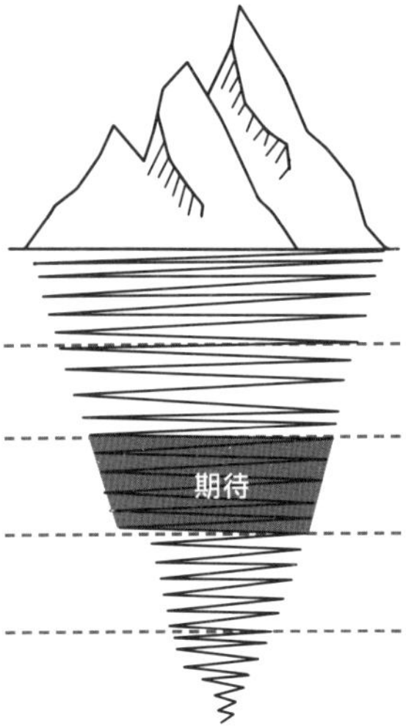

愛，是可以自動修復身體的強大能源。

當愛進入身體時，能驅趕負面感受，讓人沐浴在光和感動中。

但是，愛，有個假面分身，它的名字叫「期待」。

人經常以為，自己對他人好，這是愛。

而愛是好東西，他人應該要歡喜接受，要無

條件迎合，並且，最好知道要感恩與道謝。

然而這不是愛，這其實是愛的恐怖分身——「期待」。期待，本來是會很讓人喜悅的正面感受，它會讓人感覺未來有希望，但前提是，絕對不能讓它失望，更不能讓它憤怒。因為當它生氣時，它就會毀滅一切。

我對你這麼好！

在我們家，愛來過，它的假面分身也來過，最後，毀滅也來過。

前些時候，大女兒三三知道妹妹川川受傷了，三三發揮無比的愛心與耐心，協助川川寫功課，陪伴她玩遊戲，還規劃許多活動讓川川玩。

看川川遵照自己的規劃好好的生活、玩、寫作業，三三很感動。

三三說：「真好，川川長大了，都會乖乖聽話了，不像以前。」

我笑了笑，沒介入姊妹倆的相處，只是觀看。

三三還曾偷偷告訴我：「媽，我想當個好姊姊，以前就算了，但我覺得這次一定可以。媽，你不要告訴任何人，連川川都不要說，我想讓她和大家自己發現，好嗎？」

我欣慰的點頭說好。

姊妹倆一路扶持，妹妹也乖順的接受姊姊的照顧和安排，和諧的相安到晚上。

後來川川手肘受傷的地方愈來愈痛，不停哀號。三三立刻找來ＯＫ繃要幫川川包紮，沒想到川川卻嚷嚷著要媽媽包紮，不要姊姊。

三三幾次說服，川川依然哭著要媽媽，眼見說服不了妹妹，自己的愛宛如被妹妹踏在腳底，一種不被重視、不被尊重，甚至不被妹妹所愛的感覺油然而生。這種感覺，覆蓋了先前飽滿的愛，於是憤怒、恨意，隨即占據了心胸。

最後三三淌著淚，低聲怒吼妹妹：「我不要再愛你了，我對你這麼好，你卻這樣對我，居然只要媽媽，不要我幫你，你太讓我失望了，我不會再對你好了！」

以愛之名

就這樣，我看著「愛」來過，也看見「期待」跟在後頭，悄然變身為愛，取代原本該是無私的愛。最後因為「期待」受傷了，只得出口傷害他人，也拒絕再付出愛。

然而，愛，應該是無私的，愛，不容許以任何行為和物質來交換，它應該是全然自由與獨立的，不被情緒勒索綁架，才是「真愛」。

三三不容許自己的愛失敗，這當然就不是真愛，只是帶著假面的「期待」而已。

三三的行徑，其實在大人世界裡也很常見。

老師對學生好，於是期待學生要有學生的樣子，回饋老師的用心。

父母對孩子好，於是期待孩子要聽話要懂事，回饋父母的努力。

愛人對情人好，於是期待情人要時時刻刻遵照自己的方式生活，回饋愛人的真情。

然而，這些是真愛嗎？

當我們以為這就是真愛，並將所謂的真愛，充填進「家庭」裡，孩子居住在披覆著晶亮亮的假面真愛下，又將如何滋養建構出他們的內在呢？

期待，在冰山層次中具有向上動力。當人一有期待，就會帶動內在向上驅使的動力，進而顯現在冰山上層的「行為」，展現驚人的舉動，如：期待和喜歡的人去郊遊，而精心製作出令人驚豔的壽司。

相對的，當期待落空時，人便會因無法承受失落的痛苦，而做出讓他人錯愕的舉措，如：追求情人不成，因而生氣辱罵對方，甚至做出恐怖行徑。

因此許多人都認定「期待」是不好的，因為期待落空後的「失落」讓人難堪，為了避免失落，所以最好不要有「期待」。只要沒有期待，就不會有失落，如此層層克制，就可以事先避免不必要的傷害。

然而，真是如此嗎？

少了期待，生命還有熱情嗎？少了勇氣去期待，日子就會過得比較如意？

正好相反。期待是人類向上的動力，因此少了期待，生命就少了活力，也就少了那麼點韌性的磨練，也因此會喪失向上進步的驅動力，生命就顯得索然無味。

因此，我們要學的，究竟是不要「期待」，還是學會接納「失落」？

答案顯而易見。

允許期待落空

某天，一個熟識的工作坊學員（幼兒園老師），利用下課時間來到我身旁，表達她的困惑。

她說，學習「對話」，用在幼兒園的孩子身上，很好用，但應用在家庭生活的對話上，卻窒礙難行。

我問，窒礙難行是什麼意思？

她說，就是我想跟孩子溝通，但孩子根本不聽，問題依舊存在。

我對她笑了笑，說：「你可以有期待，也請允許期待落空，並且接納失落吧。」

這位學員愣了一下，彷彿被撞擊到什麼似的，沉默的走回座位思考。

會這麼對學員說，是因為我知道她對待自己的孩子，有著較高的期待，因此更容易因期待未滿足而受傷。

前幾日，三三很努力的做完功課、洗澡、練鋼琴、刷牙等日常生活瑣事。她上床時已經十點半，超過家裡規定的九點。三三覺得自己很努力，應該獲得獎賞，要求我說故事給她聽。

我先是讚許她的努力，也回應她期望聽故事的想法。不過，我仍舊告訴她，時間很晚，沒辦法說故事了。

怎知，三三一直哀求：「講故事，媽媽講故事，媽媽講故事，媽媽講故事……」

我明確拒絕了多次，但三三仍舊不停跳針、哀號。

我坐下來，沒有離開，聆聽她一次又一次的要求「說故事」，而我也看準時機幾次明確回應，「沒辦法」。

我沒有離開，是因為我知道，如果此刻我離開，三三會更傷心。因此我選擇坐在原地，諦聽她的期望。但同時也告訴她：「你的期望我聽見了，但我沒辦法答應你。」

每個人，都可以擁有自己的期待；每個人，也都擁有拒絕的權利。並不是所有期待都必須迎合，也不是自己所有的期待，都要求他人達成，這是相對的權利，完全不相違背。

因此我完全理解且接納孩子的期待。三三確實可以一而再，再而三的為了自己的期望要求我，我也可以依照我的狀態以及家庭規範，一而再，再而三的拒絕她。這和愛無關，就只是身為母親的我，以自己的狀態來衡量適當的回應，如此而已。

時間來到晚上十一點，三三可能知道再要求下去，也不會改變什麼，因此放棄了，轉而要求我抱抱她。我抱了她一會兒，身子雖然疲累，但心的確是非常愛她的。

父母可以擁有期待，期待孩子變好，期待能與孩子溝通，期待孩子在時間內將規定的事務完成，期待親子問題能得到解決……這些都是大人可以期待的事。

相同的，孩子也能擁有期待，期待媽媽說故事，期待超過上床時間仍然可以獲得通融，期待媽媽付出更多溫柔和耐心……

不過，每個人也都該擁有拒絕這份期待的權利，因此，接納期待後的失落，才是「期待」這個層次最重要的學習。

6

冰山裡的渴望 I

愛，阻止悲劇

父母永遠是孩子面對世界最強而有力的牽絆。
如何在日常裡埋下愛的訊息，牢牢牽住孩子，是父母刻不容緩的功課。

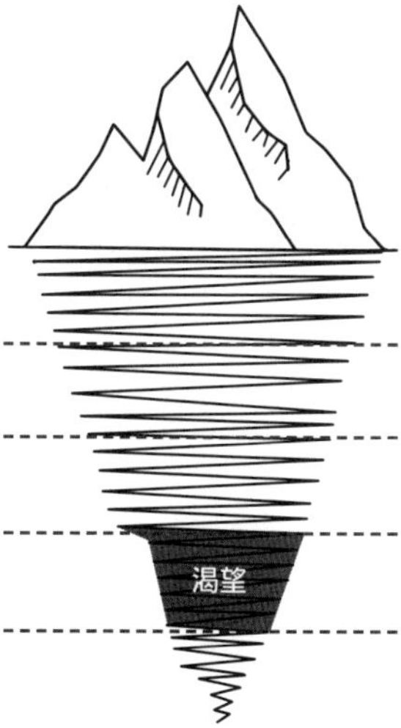

渴望，是一個人存在的價值來源，亦是成長過程中，內在穩定的力量。

在渴望的層次裡，低幼孩子期望的通常是父母的「愛」。隨著年齡增長，有了愛的根基，逐漸追求尊重、接納、肯定、自由與自信，最後逐漸奠定「自我價值」。

由索求的順序可以看出，愛與被愛是最

基礎的渴望，也最為重要，其餘渴望皆需有「愛」，才能穩定向上發展。父母給予孩子的愛若不穩定，或不夠純粹（假藉愛之名，行使各種行為的脅迫，如打罵等），孩子的成長過程很快就會出現問題。

最溫柔的牽絆

工作坊裡出現一對中年夫妻，他們是為了大女兒前來。

大女兒現今已經上高中。國中以前，女兒是個很乖的孩子，非常聽話，而且從不辯駁。即便女兒有不一樣的想法，也總能接受父母的管教，因此父母認為自己教養有方，孩子也乖巧懂事有禮貌。

女兒國中以前，是否承受壓力，父母不甚清楚，只知道上了國中後成績中等。父母要求孩子再努力些，女兒也甚是聽話。

不料，高中聯考女兒考得非常不理想，落到倒數最後一名的高中。

父母希望女兒邊上高中，同時準備來年重考。誰知女兒完全放棄學習，成績一落千丈，竟然淪為全校最後一名。女兒不想努力了，在學校甚至開始出現自殘行為。割腕，成了女孩發洩情緒的手段。

父母根本不知道女兒自殘，要不是老師發現，還在自顧自的鞭策女兒，責罵女兒不知用功，竟然落到最後志願的最後一名。

這對父母從來沒想到女兒的壓力已經這麼大，他們手足無措，不知該如何拯救女兒脫離困境，也不知道用什麼姿態和孩子談話，更不知道該談什麼？怎麼談？

女兒太乖太聽話了，他們已經習慣以高高在上的姿態對女兒說教，直到女兒自殘，他們才明白過去錯得太深。

父母不想再以高壓方式對待女兒，他們決定重新學習更好的方式來帶領孩子，希望親子關係和睦，讓自己成為女兒在這世上最溫柔的牽絆，在女兒做傻事之前，能想起他們的愛，而放棄自殺。

尋常的愛，不尋常的力量

這件事情，讓我想起青少年時期的自己。

我在青春期時，也是個性格暴烈且孤單的孩子。

我出身單親家庭，父親獨自養育四個孩子，因此，童年時期我和父親的連結，夾雜著許多手足的混亂關係和不被理解的感受。

在這樣的家庭下長大，我經常覺得孤單，覺得沒人懂我，覺得世界就算沒有我，也無所謂吧？

然後，當我有那麼一瞬，過得不如意，遇到無法解決的問題，冒出想要結束生命的念頭，想要惡狠狠拋下這世界所有的一切，腦海裡就會浮現父親的臉。

當時我並不覺得和父親有多深的連結，但不知道為什麼，每當想要做傻事時，就會自然想起父親。我會想著，父親若失去了我，該會如何難過？他該怎麼面對我的離去？遂打消了做傻事的念頭。

為什麼在我絕望的想與世界告別時，會想起父親的臉？

原因無他，因為我知道他愛我，這世上誰都不在乎我，但唯獨他例外。

父親永遠在乎我。

父親平日總不吝對我說：「我愛你，四個孩子我都一樣對待，我都愛呀。」

這句話，從我年幼一直伴我到成年，直到父親離世為止，從來沒中斷過。他是真切的愛著我，而且是透過言語，直接表露他對我的愛。

想起父親的愛，我就特別有感觸，因為父親不是個溫暖的人，總是被家事和四個孩子牽絆住，生活忙亂，情緒大得像雷，孩子不聽話，父親難免責罵鞭打。

即便是這樣的父親，我仍然感覺我是被愛的。

十八歲那年，我讀專三。當時我選擇住校，只有週末才回家和父親相聚。一次週末回家，我因某事被哥哥誤解，我壓抑不住委屈和怒火，立刻提起剛放下的行李，賭氣跳上公車，又坐車返回學校宿舍。

回校後，我如常打電話回家向父親報平安，結果父親在電話那頭對我說：「我知道你很委屈，平安到校就好，好好保重身子呀。」

聽父親這麼一說，我淚如雨下，登時覺得不委屈了，因為父親懂我，他一句話就貼近了我的委屈，理解了我的委屈，這世界是有人懂我的。父親的愛，幻化成無數絲縷，緊緊牽絆著我。那是我成長過程中，讓我留下來，與這世界連結的強大理由。

往後的成長歲月裡，稍有不如意，偶有想不開和困頓時，父親那份愛的細絲便將我牢牢的捆住，讓我知道自己不孤獨，至少還有父親是疼惜我的。

在日常裡埋下愛的訊息

父母永遠是孩子面對世界最強而有力的牽絆。如何在日常生活中，埋下愛的訊息，牢牢牽住孩子，是父母刻不容緩的功課。

這對夫妻的前來，代表著決心與努力。

我問他們，願意花多久時間等待女兒？

我的擔憂不無道理，畢竟過往高壓的應對慣性，已經養成孩子在家庭裡慣性迴避，面對父母的關心，也習慣以恐懼回應。想重新喚回孩子的信任，父母確實需要花上比過往多出好幾倍的時間。

聽聞我的詢問，他們絲毫沒有遲疑，雙雙回答：「不管多久，我們都會等。」

這便是父母。

只要有了這樣的決心，再難的親子關係，都有了解套的可能。

曾經，有位母親長期與孩子之間失去連結，連語言都省略了。經過學習之後，母親日日以溫和且一致的姿態，送上關心的語言與行動，整整等待孩子一年，過程沒有絲毫灰心，每日太陽升起，她就重新提起希望，努力送出關心給孩子。

一年後的某一天，已升上高中的孩子，突然打開房門走向餐桌，拿起媽媽平常為他準備的水果，一面吃一面跟母親說：「好餓喔，還有什麼可以吃嗎？」

聽見孩子主動開口和她說話、和她連結，她立刻從沙發上跳起來，歡愉的奔去廚房，為孩子煮點麵充飢。

母親等了一年，終於等到孩子的一句話，這全歸功於母親願意耐心等待。

「不管多久，我們都會等。」這句話隱含了父母對孩子全部的愛。雖然起步確實慢了點，過程肯定艱辛，但至少起步了。慢慢走，終有一天能連結孩子，讓孩子感受到自己並不孤單，這世界一直有人在乎他／她。

愛，永遠讓人柔軟，讓孩子知道回家的方向。我深信這對夫妻，也能喚回孩子，時間也阻隔不了他們走向彼此。

7 冰山裡的渴望 II

媽媽，你還愛我嗎？

愛，可能被繁雜瑣碎的事物給屏蔽。但愛，一直都在。
愛，不該因為家庭壓力而扭曲或變質，
愛，必須是無私的給予，恆久的存在。

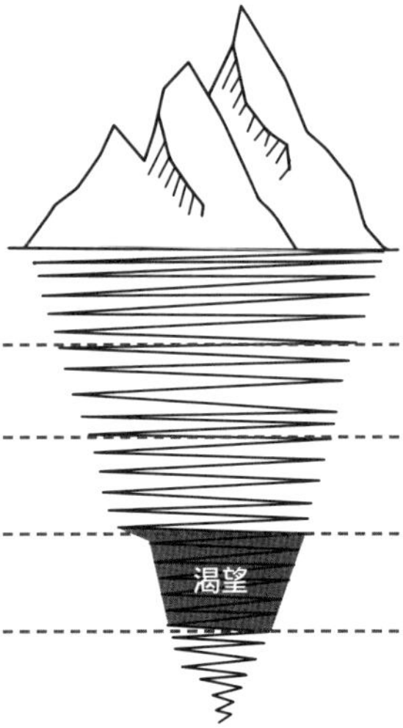

某次在新竹演講，結束時，有個女孩來到我跟前，怯懦的問能不能和我聊聊，問幾個問題就好。

我能感覺到她是個纖細、敏感又體貼的孩子，前來提問的同時，不忘體貼旁人。

我們一起走入夜色中，我同時諦聽她的問題與處境。

女孩問我，該如何改善家庭氛圍。

我探詢這句話背後的來由，她說，爸爸在家庭裡長期缺席，沒有擔起應負的責任，媽媽一個人扛起所有的家計，因此心中有很多怨言和怒氣，埋怨爸爸把所有重擔都丟給她。

被屏蔽的愛

「所以，你想改善媽媽對待家庭的態度？」我問。（**核對目標**）

女孩搖頭。她說：「我功課不好，讀書總是背不起來，考試也考不好。媽媽每次看到我的成績，總是氣得邊發抖邊罵：『你和你爸一個樣。』」（**傾聽故事**）

原來，母親將對父親的氣惱，全發洩在女兒身上了。

「所以，你想要的是？」我問。（**核對困境**）

她悲傷的說：「我不想讓媽媽生氣，但是我功課就是不好，再怎麼認真，都考不好，我真的很努力了。我也不想變成像爸爸一樣的人，但是我真的盡力了。可是我一說已經盡力了，媽媽就罵得更凶，根本不聽我說話。我希望媽媽不要每天都這麼生氣，生氣對身體不好，我希望她能過得更好。」

我問女孩，你很愛你的媽媽？

她堅毅的回答，當然。

我能感受到女孩對母親的愛，那樣的全然而且純淨。

她深深愛著母親，即使母親屢屢出口傷害她，她依舊想要找回過去母親曾經給予的那些愛，憑藉自己微薄且虛弱的愛，想要趨近母親，即使傷痕累累，仍舊渴望著母親終有一天能愛她一些。

我說：「你想改善和母親的關係，我可以教你一句話。然而這需要一點冒險，你有勇氣冒險嗎？」**（核對目標）**

女孩堅定的回答，「我願意。只要能改善和媽媽的關係，要我做什麼都願意。」**（傾聽期待）**

我提醒她，「過程中可能還是得承受媽媽不停的責罵，你挺得住嗎？萬一失敗了，能接受失敗的結果嗎？」**（核對期待）**

女孩依舊堅毅的點著頭。

她什麼都願意嘗試，為了靠近母親，她什麼都願意做，即使失敗了，也不擔心，因為一切不過就如現在一般，不會更糟了。

真愛不變形

女孩是勇敢的，我站在黑暗中，凝視她的眼睛，透著果敢堅毅的光芒。

我輕聲說，那句話無他，是「愛」。

我邀請她，下一次母親責罵她成績不好、一切都不如人時，勇敢的坦承自己在學業上的失敗，但也別忘了告訴母親，即使功課不好，即使像爸爸，但都無損於她對母親的愛。請告訴母親，「媽媽，我一直很愛你。」

女孩深深、深深的震懾了，不禁淚灑夜幕。

我看見她的孤單，看見她一直在等待母親的愛，看見她的堅毅，也看見她的勇敢與脆弱。這句話，深刻的連結了她心底深處永恆的渴望，她愛母親，也渴求母親的愛。我不知道，女孩與我一別，轉身面對母親砲火時，究竟會遭遇什麼樣的風雨。她能不能挺到最後，能不能如實表達心底的渴望？

然而，望著她潸然的淚水、瑟縮的身子，在在湧現出她的渴望與堅毅的力量。孩子勇於挑戰僵化的親子關係、選擇改變，這些特質，我深信是母親帶給孩子潛移默化的影響。我彷彿看見母親是個認真之人，曾在女孩生命中，用心的經營一切。

我將女孩的樣子，深深烙印在腦海裡，深深祝福她。

女孩的母親肯定也深愛著她，只是母親的愛，被生計、課業、夫妻關係等繁雜瑣碎的事務給屏蔽了。

期盼女孩能撬開母親心房，喚醒母親深藏在心中愛的引信。

愛，是無私的。真正的愛，是不會被外在事務左右或影響的珍貴養分，不因孩子考試分數起落而有所不同。愛也不因家庭壓力而扭曲或變質，愛是恆久的存在、無私的給予，於是，我們才能成為一個真正有生命力的人。

8

冰山裡的自我

愛，是生命力的泉源

愛，讓人柔軟，讓人懂得真正的退讓。
在愛的基礎下退讓，才能贏得更多愛的回報。

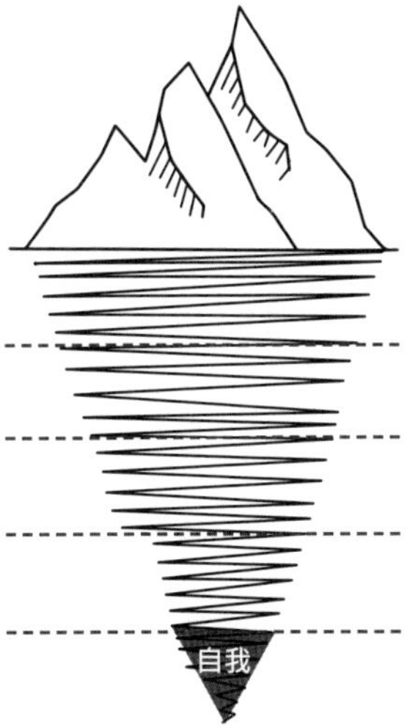

如果教養有方，那麼唯愛可行。家庭或手足間的爭執，不該是一場又一場的賽局，更不是賭注，成天算計著該如何下注，才能獲得最大贏面。

愛，是不算計方法，不計較得失，不帶著目標與企圖的純然天性。只有愛，才是能帶領孩子走過困境、戰勝親子衝突的唯一方法，亦是親子能雙贏的不二法門。

但是這樣的愛，是什麼樣的愛？展現的形式和應對方式又是什麼？愛，能帶來親子和諧，也能化解手足衝突嗎？

在家庭中，面對手足爭執或教養問題，我從不提倡以「算計式」的方法，換得一時的和諧。算計下的教養，誰知道孩子學到多少的算計，將之用在未來與父母的談判與對決。

教養，不需要這麼多心眼。

如果非要提倡一個方法，造就親子或手足間的雙贏，那麼肯定就只有「愛」的賽局理論。

老大上小一那年，我和先生帶著兩個女兒到新加坡工作（因此有184頁「七歲，一個人的退學」事件）。工作閒暇之餘，便領著孩子四處走走看看。一天，我們到海灣舫地鐵站旁頗負盛名的濱海灣花園，探訪有如魔幻祕境的「天空樹」。

我們在濱海灣花園裡一面散步，一面欣賞沿途的裝置藝術。孩子們被其中一張「巨椅」給吸引。那是一張用老樹的枯藤編織出來的椅子，兩個孩子看到後，立刻搶著坐上去。偌大的椅子，足夠好幾個人坐下休息，只是兩個孩子都想獨占，誰也不讓誰。

我立在一旁，看著兩姊妹爭執，久久僵持不下，最後老大三三從爭奪戰裡賭氣退下陣來，久久無法釋懷。

這是手足爭執的小事，於我而言，是孩子之間的學習課題，但對三三而言，卻是無法釋懷的大事。

愛的小旅程

我和三三獨處時，她向我抱怨，妹妹為什麼總是愛跟她爭搶東西，好討厭。

我問，需要我的協助嗎？

她搖頭說不用，但她好奇我會怎麼處理，我的方法又是什麼？為什麼她老是處理不好妹妹的問題？

我笑著告訴三三，我有一個特別好的方法，但是這個方法，需要由她從愛妹妹開始做起。

三三聽了反駁說：「我很愛妹妹呀，但是愛根本沒用，她還是愛跟我搶東西。」

我說：「愛不是手段，不是為了要妹妹不跟你吵架或搶東西用的。」

三三問：「那是用來幹嘛的？」

我說：「愛是認真的、打從心底的愛她，就算她不把整張椅子讓你，你也是愛她的，這才是真正的愛。你是真心愛她嗎？如果是真愛，那麼真愛就會帶來更多的愛，也會帶來更多意想不到的禮物。」

三三問：「什麼意思？」

我：「只能告訴你這麼多了，至於會帶來什麼禮物，要你自己去實踐才知道。」

三三：「我很愛妹妹，但要怎麼做，她才能知道我的愛？」

我：「你真想知道？」

三三：「真的想。」

我：「你想試試看？」

三三：「想。」

我：「很簡單，在心底默唸『我愛你』一百遍，然後，在每一次和妹妹發生衝突時，你告訴妹妹，我願意先讓你坐，因為我愛你。」

三三：「就這樣？」

我：「是啊，就這樣。這舉動看起來好像很簡單，做起來卻難如登天，除非是打從心底的去愛別人，否則不可能做到。因為愛不能算計目的，愛是很純真、潔白的。」

三三沒跟我爭辯做不做得到，只是默默的走了。

接下來的旅途，她展開了一次愛的小旅程。

她牽著妹妹的手，燈光秀散場時，她一路牽著妹妹，走長長一段路，鼓勵疲累的妹妹繼續加油，直到走進地鐵，進了車廂，還是緊緊牽著妹妹，兩人還共享一個小小座位，依偎在一起，沒有爭搶，兩人沉浸在美好的姊妹情誼之中。

回到飯店，愛的蝴蝶效應出現了。

妹妹因為大受姊姊照顧（妹妹還難能可貴的受邀坐上姊姊的床鋪吃泡麵），感動不已，立刻提來今日買到的三個紀念品，自己留下一個，另外兩個全部送給了她心愛的姊姊。

三三大驚，回頭看我一眼。

我笑笑，表示一切都只能意會不能言傳。

「愛」能讓人柔軟，能讓人懂得真正的退讓。以愛為基礎的退讓，才能造成巨大的蝴蝶效應，贏得更多愛的回報。手足是如此，教養也是如此。

「愛的賽局理論」，是永恆，也該是唯一的教養方法。

對於孩子，我們需要的，只有「愛」。

實作練習 3

探索冰山底層的訊息，進行有效對話

請依照下列實際案例與情境，辨別水面下「冰山」的各層次，並於後方括弧填上冰山層次的名稱，如：行為、感受、觀點、期待、渴望等。

孩子毛毛和好朋友小芊吵架了。

毛毛氣沖沖的來到媽媽面前大吼大叫（　　），指稱好朋友故意在他面前摔他最寶貝的玩具。

媽媽聽到後，告訴毛毛：「我覺得小芊應該不是故意的，可能是不小心的。」（　　）

毛毛聽到後立刻暴跳：「他絕對不是不小心的，他完全就是故意的，因為他丟玩具之後，還一直笑！而且不管是不是不小心的，都不可以這樣丟我的玩具！」

媽媽尷尬的笑了笑，安撫毛毛：「好了好了，只是玩具而已，沒有壞就好了（　　），不要再說了（　　）。」

毛毛的情緒，在媽媽的回應下，感覺委屈（　），媽媽完全不信任他說的，所以他只好氣急敗壞，在一旁又跳又叫，甚至摔自己的玩具（　），藉此表達自己說的是真的，希望媽媽能相信他（　）。

然而媽媽被毛毛的行為惹怒（　），覺得孩子怎麼可以這樣不珍惜自己的玩具（　），甚至還對媽媽不禮貌（　），於是對毛毛大發雷霆（　），甚至動手打了毛毛的屁股（　）。

毛毛不服氣，惡狠狠的瞪著媽媽，覺得自己不被愛（　），是全世界最可憐的小孩，都沒有人相信他（　）。

從上面的實際案例與情境中，是否看穿毛毛的冰山各層次訊息了呢？

毛毛的情緒，在媽媽的回應下，不降反升，原因很簡單，因為他情緒沒有出口，媽媽完全不信任他說的，所以他只好花更多情緒來表現自己內在的憤怒。於是，我開啟了另一段對話：

我：「你很生氣吧，玩具被小芊故意摔到地上？」（核對感受）

當我靠近毛毛，第一件事便是核對他的情緒，他告訴我他非常生氣，而我也認真聆聽他敘述小芊在什麼樣的情況下摔他的玩具。

毛毛的情緒在我的關心下，有了出口，很快的不再那樣憤怒與激動了。

毛毛重申：「我真的很生氣，而且不管是不是故意（**觀點**），小芊都不應該這樣做。」（**傾聽觀點**）

這個觀點讓我很好奇。

因為關心毛毛，所以我「核對」毛毛話中的意思：「你的意思是，就算是不小心的也不行？」（**核對觀點**）

毛毛大聲說：「對，就算是不小心的也不可以！」（**傾聽觀點**）

我看著毛毛許久，毛毛也直直的看著我。

我再重新整理了一次毛毛的話語：「你的意思是，你從來沒有不小心犯錯，是這意思嗎？」（**換句話說、核對行為**）

毛毛尷尬的笑了，眼神有些閃躲：「怎麼可能沒有。我不是這意思。好啦，我修正，不小心的我可以接受啦，但是小芊絕對是故意的，不是不小心的。」（**傾聽觀點**）

此刻毛毛的情緒已經比先前緩和了些。

我：「既然你這麼肯定，勢必有你的理由。那麼，你能不能告訴我，你要什麼？」（**核對目標**）

毛毛：「什麼？」

我：「我的意思是，你要小芊做什麼，好讓你不這麼生氣？」（**換句話說、核對期待**）

毛毛：「我也不知道耶。」

毛毛先前與媽媽的對話有阻礙，因此他第一時間只顧著發洩情緒，從沒弄明白自己發這麼大脾氣是為了得到什麼？直到我以對話的方式讓孩子覺知問題，他才開始思考自己想要的是什麼。

毛毛想了一會兒後，告訴我：「我只需要小芊的道歉。」（**傾聽期待**）

對話至此，毛毛的情緒已經因為我真心的關注而消散，小芊最後來向毛毛道歉時，毛毛早已排解情緒。

對話結束前，我欣賞毛毛能在這麼短時間內說出自己的想法，真是不容易，也謝謝他願意和我說這麼多話。（**欣賞**）

毛毛離開座位後，很快的又跟小芊玩在一塊兒。

教育教養 BEP049

薩提爾的親子對話

每個孩子，都是我們的孩子

作者 — 李儀婷

總編輯 — 吳佩穎
人文館總監 — 楊郁慧
副主編暨責任編輯 — 陳怡琳
美術設計 — 謝佳穎
校對 — 魏秋綢
內頁排版 — 張靜怡

出版者 — 遠見天下文化出版股份有限公司
創辦人 — 高希均、王力行
遠見・天下文化 事業群董事長 — 高希均
事業群發行人／CEO — 王力行
天下文化社長 — 林天來
天下文化總經理 — 林芳燕
國際事務開發部兼版權中心總監 — 潘欣
法律顧問 — 理律法律事務所陳長文律師
著作權顧問 — 魏啟翔律師
地址 — 台北市 104 松江路 93 巷 1 號 2 樓

讀者服務專線 — (02) 2662-0012 ｜傳真 — (02) 2662-0007；(02) 2662-0009
電子郵件信箱 — cwpc@cwgv.com.tw
直接郵撥帳號 — 1326703-6 號　遠見天下文化出版股份有限公司

製版廠 — 中原造像股份有限公司
印刷廠 — 中原造像股份有限公司
裝訂廠 — 中原造像股份有限公司
登記證 — 局版台業字第 2517 號
總經銷 — 大和書報圖書股份有限公司 電話／ (02) 8990-2588
出版日期 — 2022 年 6 月 23 日第一版第 20 次印行

國家圖書館出版品預行編目（CIP）資料

薩提爾的親子對話：每個孩子，都是我們的孩子／李儀婷著. -- 第一版. -- 臺北市：遠見天下文化, 2019.12
面；　公分. --（教育教養；BEP049）
ISBN 978-986-479-865-0（平裝）

1.親職教育　2.親子關係　3.親子溝通

528.2　　108020314

定價 — NT 350 元
ISBN — 978-986-479-865-0
書號 — BEP049
天下文化官網 — bookzone.cwgv.com.tw

天下文化
BELIEVE IN READING